Hans Ostwald

Rinnsteinsprache

Lexikon der Gauner-, Dirnen- und Landstreichersprache

Verlag
der
Wissenschaften

Hans Ostwald

Rinnsteinsprache

Lexikon der Gauner-, Dirnen- und Landstreichersprache

ISBN/EAN: 9783957009272

Auflage: 1

Erscheinungsjahr: 2016

Erscheinungsort: Norderstedt, Deutschland

Hergestellt in Europa, USA, Kanada, Australien, Japan
Verlag der Wissenschaften in Hansebooks GmbH, Norderstedt

Rinnsteinsprache.

Lexikon der Gauner= Dirnen= und
Landstreichersprache

von

Hans Ostwald.

„Harmonie"
Verlagsgesellschaft für Literatur und Kunst
Berlin W. 35.

Vorwort.

Wir alle hören und sprechen fast jeden Tag
Worte, die wir nicht in der Schule gelernt haben
und die wir in keinem schöngeistigen Werk und auch
nicht in den Zeitungen und Zeitschriften oder den
üblichen Lexika finden. Fast jeder Beruf hat seinen
eigenen kleinen Wortschatz. Fast jede Bevölkerung
hat ihre eigene, mehr oder weniger amüsante oder
ernste Ausdrucksweise. Und von Landschaft zu Landschaft wechselt der Klang und der Rythmus der
Sprache. Jede Provinz, ja fast jede Stadt hat
ihren Dialekt.

Während aber viele Berufe nur wenig bestimmte
technische Ausdrücke haben — wie die Buchhändler
die „Krebse" und die Goldschmiede das „Gekrätz" —
haben wir Menschen neben uns, die fast eine voll-
kommen andere Sprache sprechen: die Gauner, die
Verbrecher, die Landstreicher, Kunden oder Tippelbrüder, wie sie sich selbst nennen, und die Dirnen,
die ja in ziemlich enge Fühlung mit dem Verbrechertum stehen.

Als ich noch in der Goldschmiedewerkstatt saß,
hörte ich von den Gesellen, die auf der Wanderschaft gewesen, schon so manches sonderbare Wort.
Als ich aber nun selbst als reisender Handwerksbursche die Landstraßen maß, in Herbergen nächtigte
und in Pennen einkehrte, als mich der Spitzkopp
flebbte und ich durch manches Kaff tippelte, manche

Winde ſtieß, die Leute ärgerte und mir Zinſen holte, als meine Trittchen link wurden und mein Wallmuſch in Bruch kam, als ich bei Mutter Grün pennte und ein duſter Kunde wurde, da lernte ich auch die Sprache der Chauſſeegrabentapezierer und Himmelsfechter, der Schneeſchipper im Sommer und Kirſchenpflücker im Winter.

Später lernte ich in Kaſchemmen und allerlei Schlupfwinkeln auch die Sprache der Gauner und die der Proſtituierten und ihres Anhangs kennen. Und ein gründliches Studium vieler Werke, die bisher über Gaunertum und Gaunerſprache erſchienen ſind, vervollſtändigte mein Lexikon, das ich in den Zeiten meiner Wanderſchaft angefangen hatte und das eigentlich ſchon vor Jahren erſcheinen ſollte — als Ergänzung zu den „Liedern aus dem Rinnſtein“.

Nicht wenige Werke ſind erſchienen. Das Vollſtändigſte boten Prof. Kluge und Prof. L. Günther. Aber ſie belaſteten ihre Werke mit zu großer Wiſſenſchaftlichkeit, als daß ſie für das Leben und den täglichen Gebrauch von größerer Bedeutung ſein könnten. Mich aber reizte das lebendige Wort. Nur das will ich faſſen, was geſprochen wird. Jede philologiſche Unterſuchung liegt mir fern. Die käme mir hier vor wie ein unnützer Ballaſt. Jedes an ſeiner Stelle! Ich glaube dadurch, daß ich mich auf das beſchränke, was von den Verkommenen und Ausgeſtoßenen geſprochen wird, vollſtändiger ſein zu können. Habe ich mich doch ſelbſt in den Schlupfwinkeln umgehorcht und ſo manches Wort gehört, was bisher in keinem Lexikon abgedruckt war. Auf die allerletzte Vollkommenheit wird man allerdings nie kommen können. Die Sprache der Menſchen der Tiefe iſt ebenſo in fortwährendem Fluß, wie die Sprache überhaupt. Jeden Tag entſtehen neue Worte, jeden Tag entſtehen Neubildungen. Und jeder Winkel des Deutſchen

Reiches hat seine besonderen, oft historisch begründeten
Ausdrücke. So sprechen die Schmuggler an der
belgisch-holländisch-deutschen Grenze ein anderes Ge=
misch als die in Oberschlesien. Hier ist das Feld
für den Philologen. Ich aber konnte mich nur an
jene Worte und Benennungen halten, die allen
möglichen Gruppen des Gaunertums so ziemlich
gemeinsam sind. Nur die Kundenausdrücke und die
Dirnensprache habe ich, soweit sie irgend erreichbar
waren, alle mitgeteilt, wenn viele von ihnen auch
nur im Norden oder im Süden verwendet werden.

Sie gerade sind fast alle deutschen Ursprungs.
Die eigentliche Verbrechersprache aber wimmelt von
verballhornisierten Worten hebräischer Herkunft —
ein Zeugnis, daß die Juden vielfach die intellektuellen
Leiter der rheinischen und anderer Räuberbanden
waren und daß noch in der ersten Hälfte des
19. Jahrhunderts manche ostdeutschen Ortschaften
nur von jüdischen Verbrechern bewohnt wurden.
Die Jahrhunderte, in denen der Jude von allem,
was nicht Geldverkehr hieß, ausgeschlossen wurde,
brachten ihn eben in nahe Berührung mit dem Ver=
brecher, machten die Beherzteren von ihnen wohl
gar selbst zum Verbrecher. Das Bedürfnis nach
Geheimhaltung der beabsichtigten lichtscheuen Tat,
das Bedürfnis sich untereinander verständigen zu
können, ohne von Dritten belauscht werden zu
können, nötigte die stets mit allen in Feindschaft
lebenden, sich eine eigene Geheimsprache anzueignen.
War nun gar ein Verbrechen entdeckt, war ein An=
gehöriger der Zunft ins Gefängnis geworfen und
drohte ihm schwere Strafe, so war es noch nötiger
für die geheimen Briefe und für die Zurufe Worte
zu haben, die allen anderen Ohren fremd klangen.
Und da die Landstreicher und die Dirnen ebenso
verfolgt wurden, da sie sich an den gleichen Orten
aufhielten und verkrochen, da Landstreicher und

Dirne auch zugleich manchmal Verbrecher waren
und noch sind, so benutzten sie dieselbe Sprache.
Viele der im Wörterverzeichnis benutzten Worte
sind eben allen eigen, die in die Rinnsteine hinab-
geglitten, die gestrauchelt oder untergegangen sind.
Solchen Ausdrücken habe ich kein besonderes Zeichen
beigefügt. Nur die Worte, die bestimmten Kreisen
fast allein eigen sind, habe ich als solche kenntlich
gemacht — und ebenso fast alle, die von den Kunden
gebraucht werden; von diesen Ausdrücken sind aber
auch zugleich dem Sprachschatz der anderen Gruppen
manche angehörig.

Während in der Verbrechersprache fast alle
Worte mit einer unheimlichen Sachlichkeit gebildet
sind und sie oft sogar das ganze Erschreckende und
Grauenerregende dieses entsetzlichsten aller Berufe
an sich haben, drückt sich in den Dirnenausdrücken
die ganze Schmach und Gemeinheit des horizontalen
Gewerbes aus. In der Kundensprache aber kommt
ein erheiternder, saftiger, oft wehmütig verklärter
Humor vor, dem auch manchmal eine gewisse satyrische
Spitze nicht fehlt. So wenn der Gendarm: August
mit der Latte, Blankhut, Spitzkopp, Blitzableiter,
Fußlatscher oder Deckel genannt wird. Welche Fülle
von humorvollen Bezeichnungen hat die Kundensprache für den wirklich arbeitsscheuen duften Kunden!
Chausseegrabentapezierer — Kirschenpflücker im
Winter — Schneeschipper im Sommer — Wolkenschieber — Schlangengreifer — Luft- und Dichtmacher usw. Und das Betteln hat die duften Tippelbrüder geradezu gereizt, ihren Witz auszutoben.
Sie „steigen auf die Fahrt", sie „holen Zinsen", „ärgern
die Leute" und geben „Klinkenputzen" und mehr
solcher launigen Ausdrücke, die oft von großer Bildhaftigkeit sind. Ueberhaupt ist die Bildhaftigkeit
eine Eigenheit der deutschen Kundensprache. Das
Auge heißt Scheinling, der Hering Schwimmling,

Hut Obermännchen, Mohrrüben Polizeifinger, Ei
Weißling, Kartoffel Feldhuhn, Weißkohl Fußlappen,
das Essen künstlicher Dünger (im besonderen: An-
staltsnahrung). Ja, die Bildhaftigkeit steigert sich
oft zur Poesie, wie in den Ausdrücken Mutter Grün:
Wiese, Feld, Busch — Vater Weiß: Winter.

So ist die Sprache der abseits vom bürgerlichen
Leben sich durch die Welt Bringenden wohl geeignet,
uns alle zu interessieren. Giebt sie doch Kunde von
dem Leben und Treiben, Denken und Empfinden
der Gefallenen, Verfolgten, Verlorenen und Unglück-
lichen und derer, die in unausgesetztem Kampf mit
der Gesellschaft, mit Polizei und Richter liegen. Ist
ihre Kenntnis doch geeignet, die Gefährlichkeit oder
Harmlosigkeit unserer Brüder und Schwestern da
unten zu ergründen und ihnen näher zu kommen
und inne zu werden, daß auch sie Menschen sind.

An dieser Stelle möchte ich noch den Vielen,
die mir Worte und Ausdrücke zugeschickt und ihr
freudiges Interesse gezeigt oder sonst geholfen haben
meinen Dank sagen und sie und alle Leser bitten,
ein wenig herumzuhorchen und mir neue unbekannte
Worte und Ausdrücke, Sprüche, Lieder und Redensarten aus dem „Rinnstein" zuzuschicken. Nur die
Mitarbeit und das rastlose Interesse Vieler kann
auch hier, wie bei den „Liedern aus dem Rinnstein"
zur Vollständigkeit führen.

Großlichterfelde West
im Sommer 1906.

Hans Ostwald.

Wörterverzeichnis.

(Die mit einem * bezeichneten Worte und Redensarten werden von den Kunden, den Landstreichern gebraucht, doch sind viele von ihnen auch Bestandteile der Gaunersprache. Die mit D bezeichneten Worte werden von Dirnen und deren Kreisen gebraucht.)

A

*aalen, sich behaglich fühlen.

abbauen, flüchten beim Einbruch, davonlaufen.

*Abbeizen, abbetteln.

abbleffen, abschrecken, einschüchtern.

abbürsten, erpressen.

abchalchen, davonlaufen.

*abdalfen, abbetteln.

Abdruck, Abdruck eines Schlüssellochs in Wachs.

*abfassen, verhaften, bei der Tat ertappen, beim Betteln erwischen.

absetzen, abschneiden von Koffern von Wagen, von Waren, die an Türeingängen befestigt sind, auch Messerstechen.

abfinkeln, abkochen, besprechen.

abfocken, heimlich davongehen.

abgehaicht, alt, hinfällig.

*abgeilen, erbetteln, abbetteln.

abgezinkt sein, gestört sein.

Abgott, Hostie.

*abgrasen, eine Gegend abbetteln oder bestehlen.

Abhänger, Schaukastendieb.

abkaspern, betrügen.

*abklopfen, auch abkloppen, betteln, an den
　　Türen klopfen.

abkrauten, aus dem Gefängnis entfliehen, fort-
　　gehen.

abkröpfen, Portemonnaie oder Uhr stehlen.

*abladen, bezahlen.

Ablassen, durch Bellen verscheuchen.

*einen Ort abnehmen, ihn abbetteln.

abmecken, töten.

Abouscha, Besprechung.

absäbern, abschreiben.

abschalchen, davongehen.

*abschieben, auf den Schub bringen, oder über-
　　reden zum Weitergehen, sich flüchten.

*abschnurren, abbetteln.

abschrenken, entspringen.

absetzen, durch Stich töten.

Abstecher, spitzes Instrument um Vorlege-
　　schlösser zu erbrechen.

*abtippeln, davongehen.

*Achelei, Essen.

Acheliniken kommt, Mittagessen wird in die
  Strafanstalt gebracht.

*Achelfahrt, Mahlzeit.

Achelkeß, dumm, unerfahren.

Achelkies, Geld für Verpflegung Armenhäusler.

*acheln, essen (auch a ch i e l e n).

*Achelpeter, alter, arbeitsunfähiger Kunde,
  der nur noch essen, aber nichts mehr
  leisten kann.

*Achelputz (Achelincken), Gefängnis- und
  Zuchthausessen.

Achelsore, Speise.

Achergonin, der Hintern.

Achillesgänger, Abendstundeneinschleicher.

*die Acht, Handschellen; die beiden runden
  Eisen, zusammengelegt, ergeben die
  Form der 8.

ᴰAchtgroschenjunge, Vigilant, Späher der
  Polizei.

Achtundzwanziger, offner Überfall.

*Äffchen, junger Handwerksbursche in guter
  Kleidung,

*Affe, Neuling. Bäcker, eigentlich Teigaffe.

*Affenfett, Schmalz.

Affenfleisch, Büchsenfleisch.

*Affen kaufen, sich betrinken.

Album, Verbrecheralbum.

alchen, gehen.

ᵀAlfons, Zuhälter der feineren Dirnen.

alle werden, verhaftet werden, verschwinden.

jemanden alle werden lassen, ihn verhaften
    lassen.

ᵀAlphons, internationaler Name für Louis,
    Zuhälter.

*Alte, der Meister.

alt machen, kurzen Prozeß machen.

Altfuchs, Gold, Goldstück.

ᵀAmmenmacher, Mädchenjäger.

Ammi, Tölpel.

ᵀAmor, Dolch, männliches Glied.

*Amtskehr, Richter.

Amtskehrspieße, Gerichtsgebäude.

Amtsschauter, Gefängniswärter.

anbauen, verschlossene Lokale mit Diebesinstru-
    menten zu öffnen suchen, schweren
    Diebstahl vorbereiten.

anbeulen, zum Narren halten.

anblasen, anschreien.

anbleffen, Jemand erschrecken.

anbohren, betteln, erpressen.

Anchoratz, Unwissender.

Anbrungern, anbohren einer Tür, um das
    Schloß herauszuschneiden.

anfassen, stehlen; Anfasser, Dieb.

anfetzen, anschneiden.

anfinkeln, brandstiften, Säcke oder Ballen auf=
    schneiden.

angappen, ergreifen.

angeigen, stechen.

*angeln, stehlen, um das Ortsgeschenk nachsuchen.

Angströhre, Zylinderhut.

angesandelt sein, Läuse haben.

†Anhängsel, ¹) Geliebte, ²) Nebenstrafe.

*um etwas anhauen, um etwas besonders
    Wünschenswertes extra bitten.

Ankerfahrt, Einsteigen mittelst eines vom Haus=
    boden herabgelassenen Seiles.

†ankobern, den Dummen an sich bringen.

anölen, zum Besten haben.

Anreißer, Zutreiber.

*anschieben, Arbeit annehmen.

*anschmieren, betrügen.

anstiebeln, anstiften.

Anstoß, Krankheit, Unglück, Störung.

Antonikloster, Gefängnis.

*antreten, fechten gehen.

*Antrittsstoß, der erste Bettelgang.

*Apostelklopfer, Buchbinder.

*Appell, Arbeitshaus.

Appelkesser, jemand, der so tut, als sei er ein
    gewiegter Junge, der es aber nicht ist.

arbeiten, einbrechen.

Armspangen, Handschellen.

sich den Arsch ausreißen lassen, (im Spiel)
        sein Geld verlieren.

*Arschkratzer, Barbier.

*Arschpauker, Lehrer.

*Asche, Geld.

blanke Asche, Silbergeld.

rote Asche, Goldgeld, Kupfergeld.

schwarze Asche, Kupfergeld.

*Die Asche ist verbrannt, das Geld ist durch-
        gebracht. Die Asche vergraben, Geld
        verstecken.

aschingern, schlemmen.

Aschmedy, Teufel.

assern, gegen einen andern sprechen, verraten.

*Ast, einen Buckel haben; daher: Ick lach mir'n
        Ast!

*Astel, häßliches Geschöpf.

*Asterwitz, Buckliger.

Astmann, Buckliger.

*Athletenfutter, Reis (militärisch), bei Kunden:
        Saure Heringe mit Kartoffeln.

*Athletenfrühstück, Schmalzstulle.

aufbegehren, schelten.

*aufdecken, ein Geständnis ablegen.

*auf der Walze, auf der Wanderschaft.

*aufmucken, einen großen Mund haben.

Aufnahme, in die Anstalt, Vernehmung durch
Gerichtsschreiber.

aufplatzen, aufsprengen.

aufschränken, aufbrechen.

Aufstoß, Störung, Hindernis beim Einbruch.

*August mit der Latte, der Gensdarm, Polizist.

Aul, das Jahr.

ausbaldowern, auskundschaften.

ausblinden, auskundschaften.

eine Blinde machen, noch einmal alles genau
ansehen.

auscher horn, reich.

auseinander machen (die Beute) teilen.

*ausfehmern, ausräuchern, ausbrennen (die
Kleider.

Ausflucht, Diebesreise.

ausgeschnoben, aufspüren.

aushusten, aufhängen; gestehen.

*ausgekocht, raffiniert, erfahren.

auskluften, jemand berauben, betrügen.

ausknobeln, besprechen.

außihäkeln, herauslocken.

außireißen, entlasten.

Außireißer, der Verteidiger, Entlastungszeuge.

auslinsen, ausfragen.

ausschabbern, ausbrechen.

awon, gut, echt.

azza, herrlich, gut.

B

Baas, Meister, Wirt.

Babbeler, Schwätzer.

Babbel, Mund.

babbeln, schwatzen.

Babuschen, Pantoffeln.

Baccarat, Kartenspiel.

Bachkatze, Stein.

*Bachrutscher, Stein.

Bachstelzen, Bohnen, Linsen.

*Bäcker, Teufel.

*Bäckerling, gebackenes oder gebratenes Essen.

*Backofenzins, Bettelbrod. Den Backofenzins holen, Brot betteln.

Backzahn, Infanterist.

Bahnherr, Bohnherr, Anführer beim Einbruch.

Baisum, die Zähne.

Bai schon Baile, in der Dunkelheit.

Baiz, Ei.

Bajasdi, Polizeihaus.

Bal, ein Mann.

Balaske, Anführer.

Balhei, der zu Bestehlende.

Balaße, Richter.

Balbos, Wirt.

Bal cholem, ein Beamter, der die Gauner=
    sprache kennt.

Balchcholen, kluger Kriminalbeamter.

Balderschmei, Untersuchungsrichter.

Balbasse, der Kaschemmenwirt.

Baldowerer, Auskundschafter.

baldowern, Gelegenheit zum Diebstahl aus=
    kundschaften.

Balkonfahrt, Einsteigen über den Balkon durch
    Strickleitern.

*Ballert, Wald.

*Ballertgranaten, Ballertbrüder, Kunden, die
    sich nur in waldiger Gegend aufhalten,
    wie im Thüringer Walde.

Ballmischpet, Ballverschmei, Untersuchungs=
    führer.

Balloch, Himmel.

Ballspieße, Wirt.

*Bammelmann, Leiche eines Gehängten.

*Bammelmann machen, den Verbrecher
    ertappen, sich erhängen.

ᴰBan (Bein) Mädchen.

Bani, Fleisch, gewöhnlich Pferdefleisch.

*Bankarbeit, Schlafen auf der Bank, dem
    Tische, oder dem blanken Fußboden.
*Bankrottsbrühe, Kaffee.
Banterich, Kattun.
*Barrach, Krätze.
*Barachschaber, Arzt.
⊥barmherzige Schwester, Dirne.
⊥Barnim, das Frauengefängnis in der Barnim-
    straße zu Berlin.
Barsel, Eisen, Kette, Verlegestangen, Hand-
    schellen, auch Barseile.
Barselmelochner, Schlosser.
*Bartmann, Ziege.
Basmeichel, Tochter.
Bassel, Kette.
basseln, bei der Festnahme fesseln.
*Bassermann, heruntergekommener Mensch.
Batochemer Blut sein, von derselben Gesell-
    schaft sein.
Bataillonsregenschirm, verhüllte Fahne.
Bau, mehrere Diebe.
*Bauer, dummer Mensch, den man leicht be-
    trügen kann.
*Bauernfänger, ein mit falschen Karten
    Manipulierender.
Baumelmann, Bammelmann, der Gehängte.
*'n Bammelmann machen, sich erhängen.

18

Baulos blede machen, mit der Zeche durch=
          gehen.

baufen, sich fürchten.

baufein, kommen, loskommen, aus der Haft
          entlassen werden.

bauferich, furchtfam.

*Bauplatz, die Glatze.

bays, zwei.

*beblubbert, betrunken.

beffern, sterben.

bedibbern, beschwatzen.

befilzen, betrügen.

beganfen, bestehlen.

begafeln, berauben.

begenin, bezahlen.

Begide, furcht.

Begeisterungsknüppel, die Fahne.

*begraben fein, auf längere Zeit eingesperrt
          fein.

beichten, ein Geständnis ablegen.

bei jom, bei Tag, bei leile, bei Nacht.

Beinfraßinstitut, Strafanstalt.

Beinling, Zahn, Knochen.

*Beinlinge, Strümpfe, Hose.

Beißer, Kneifzange, Belaftungszeuge.

*Beißgrün, Brennessel.

*Beize, Wirtshaus.

*Beizer, Wirt, Beizerin, Wirtin.

Beize handeln, behutsam zu Werke gehen.

Beize, sehr gewagter Diebstahl.

besauchen, betrügen.

bekahne sein, im Gefängnis sein.

bekaskert, betrunken.

bekaspern, übertölpeln.

bekanach, mit Gewalt.

bekibbischen, betasten.

bekneifen, sich verständigen.

bekneift, bekannt.

Bekneister, Bekannter.

bekoch, mit Gewalt.

bekovit, zuverlässig.

bekure legen, verbergen.

beleimen, betrügen.

*Beller, Hund.

belummern, bemauscheln, bemogeln, betrügen.

bemurmeln, bezahlen.

beneppen, betrügen.

Benga, Gendarm.

benschen, den Rest geben, umbringen.

Benscher, Messerheld.

beoisken geaussnet, umgebracht.

berabbeln, bezahlen.

20

berammen, betrügen,

beramschen, betrügen.

*berappen, bezahlen.

*bereimen, do.

bereißen, betrügen.

*Berg- und Talversetzer, Leute die kein eigenes Geschäft verstehen oder das früher erlernte vergessen haben.

Beriach, Riegel.

*Berittener, Gendarm zu Pferde.

*Berliner, Reisebündel, Ränzel.

Berliner Vorort, Gefängnis.

*beschaskert sein, betrunken sein.

*sich beschickern, sich betrinken.

beschmieren, betrügen.

*Beschmortheit, Betrunkenheit.

*beschmort sein, betrunken sein.

beschollen, bezahlen.

*bestochert, betrunken.

*beschummeln, betrügen.

*beschuppen, betrügen.

besechen, betrügen.

beseubeln,   „

*Besengarde, die Straßenkehrer.

Besen, Karte, gekennzeichnete Spielkarte.

*Besenzirkus, das Arbeitshaus für weibliche Vagabunden, Dirnen ꝛc.

*Beserl, Zwanzighellerstück.

bestieben, bekommen.

Besug, Öffnung.

besulen, betrügen.

bet, zwei.

*betippert sein, betrunken sein.

betrampeln, betrügen beim Verteilen des Ge=
  winnes.

*Bettelzinken, Ortsgeschenkstempel.

*bei der grünen Bettfrau, unter freiem
  Himmel schlafen.

betuch, betuke, still, vorsichtig.

beunzeln, betrügen.

bezinken, jemand bezeichnen.

bezupfen, bestehlen einen Schlafenden.

bibern, lesen.

Bibi, Hut.

Bick, Kochkessel.

*Der Bielefelder, weißes Vorhemd und Kragen.

°Biene, 1 Laus, 2 Frauenzimmer.

°Bienen (Bruchbienen), Soldatendirnen.

*bienen, in den Kleidern nach Läusen suchen.

*Die Bienenkammer, Abteil in der Herberge,
  wo die mit Ungeziefer behafteten
  schlafen.

*Bienenzüchter, Kunde, der das Ungeziefer
  nicht los wird.

*Bierleiche, ein Betrunkener.

Bihengst, Bienendieb, Wäschedieb.

Bim, Bimmel, Klingel, besonders am Laden.

*Bimmer, Klingel, Glocke,

*den Bimbam überrutschen, die Schelle beim
  Eintritt in ein Haus vorsichtig mit
  der Hand oder einem Stock abstellen.

Bims, Brot.

Bimse, Schläge.

Bimmstrippe, Drähte der elektrischen Leitung.

Bindfaden, Gerichtsdiener.

Bindfadenjunge, Husar.

Binken, Arbeitsscheue, Sonnenbrüder.

*Bismarckkäfer, Läuse.

*Bissert, Schaf.

*Bissertbrummer, Schafhirt.

bissig, teuer.

*Blaff, Hundegebell.

Blanke, Sack, Tasche.

*blanke Steine, Diamanten.

Blankmichel, Säbel.

Blase, Wind.

Blankert, Wein.

*Blankhut, Gendarm.

*Blanker August, Gendarm.

*Blasebalg, Brust,

*einen blasen, einen trinken.

*blasen, pfeifen, schmoren, abschmoren, perverser Geschlechtsverkehr Cunnilingus, besonders in der Sprache der Homosexuellen.

*blasen lassen, Geschlechtsverkehr, besonders in der Sprache der Homosexuellen.

*Blasen an den Füßen haben, betrunken sein. Malt den unsicheren Gang der Betrunkenen.

Blasius, Wind.

Blattebesing, Zimmertürschloß.

Blattekitte, Diebesunterschlupf.

blatteln, Karten spielen.

Blattsinne, Brieftasche.

*blauangestrichenes Abführmittel, Schutzmann (bes. in Berlin).

Blauer, Zehnguldennote, Fünfguldennote, Einhundertmarkschein.

*Blauer, Schutzmann.

Blauer August, Gefangenen-Transportwagen.

*blauer Heinrich, Gefängnissuppe aus Hülsenfruchtgemenge.

blauer Jagdhund, Schutzmann.

*blauer Mantel, Himmel.

blauer Sarg, Gefangenen-Transportwagen.

Blauflügel, Hundertmarkschein.

Blauhaus, Pflaumen.

*Blaukragen, Gendarm.

*Blaues Ländle, auch Blaumertiner, Bayern.

*Blaumertiner, Bayer.

*blaupfeifen, hungerleiden, einbrechen.

xDie Blech, (Köllnisch), Arrest-Gefängnis.

*blechen, bezahlen.

*Blechkappe, Gendarm.

Blechkasten, Geldschrank.

*Blechkopp, Gendarm.

*Blechner, Klempner.

*Blechreiter, Gendarm.

*Blechseppel, dummer Gimpel.

bleffen, jemand zu schrecken suchen.

Bleffer, eine Drohung, um von jemand etwas
        abzuhalten, oder zu etwas zu bewegen,
        besonders zu einem Geständnis.

Auf den Bleffer nehmen, eine Falle stellen.

einen Bleffer anlegen, einem Verbrecher etwas
        einreden, um ihn zu einem Geständnis
        zu bewegen.

*Bleibe, Schlafstelle.

*Bleier, Zehnpfennigstück.

*Blembel, Bier.

*Blende oder Blendling, ¹) Spiegel, ²) Laterne.

·Blickschlager, Kleiderbettler.

blind, unbrauchbar.

einen Blinde machen, die Rekognoszierung
        eines Ortes vornehmen, an dem
        ein Diebstahl ausgeführt werden soll.

blinzen, scheinen.

*Blitz, ¹) Stadtverweisung, ²) um Kleider betteln.

*Blitzableiter, Polizist, Gendarm.

*Blitz, Kleidung.

*Blitzkunde, einer der vom Kleiderbettel lebt.

*Blödschein, Brille.

Blöffer, der Spieler, der so tut, als ob er nur
     günstige Karten habe.

Blüten, falsches Papiergeld, bes. Reklamezettel,
     überhaupt Falschgeld.

Blütenstecher, Verbrecher, der falsches Geld
     weitergiebt.

Bochur, Beamter, der die Schliche und Sprache
     der Gauner kennt.

Bock, bayrisches Arbeitshaus Rebdorf.

Bogel, Taschenuhr.

*Böhm, Zehnpfennigstück.

·Böhmischer Zirkel, Diebstahl.

Bohnherr, Wegweiser.

*bohren, aufdringlich betteln.

·bofen, schlafen.

Bolbulin, Zank.

Bolgermann, Polizeikommissar.

Bolutschero, Nachtwächter.

Bonni, Hut.

,bonus Ires', Mütze.

28

*Bonum, Gesicht.

*Boos, Herbergswirt.

Bordell, Dirnenhaus.

*Borke, Kleidung.

Börsewicht, Börsianer.

*Bost, Boos, Schlafwirt, Herbergsvater.

*Boscher oder Poscher, Pfennig.

Boser, Auffanger.

Boser Kärner, Fleisch.

bosgenen, öffnen.

Bosler Isch, Schmied.

Bosocher, Fleisch.

*Bossert, Fleisch.

ᴰBouillonkeller, die neuen Berliner Kellerlokale, die nur Nachts geöffnet sind, Kaschemmen ohne Konzession, in denen es keine Spirituosen gibt und in denen die Dirnen, die Zuhälter und auch anderes Nachtpublikum in bunter Mischung verkehrt. Häufig kommen die Dirnen, nachdem sie ihre Tätigkeit hinter sich haben, in die Bouillonkeller, um sich zu erfrischen und den Zuhältern Geld zu bringen. Manche Bouillonkeller sind auch Spielerlokale; siehe Großstadtdokumente Band 1 und 5.

*Brand, Strafanstalt Brandenburg, Durst.

*Brandenburger, Läuse mit schwarzem Fleck
am Maul, dem sogenannten Maulkorb.

Brander, die Bettelbriefe, Drohbriefe sind ab-
gebleſſt, d. h. die Polizei hat nichts
ausrichten können und abziehen müſſen.

*Branntweingeld, Schweigegeld.

Braſſel, eine Menge.

Branjer, Bohrer.

*braune Kammer, der Hintern.

*Braunhaus, Kaffee.

*Brechauf, Spargel.

Brecher, Bettler.

*Breitkratzer, Straßenwärter.

*Breitloch, Kirchhof.

Brennabor, Schnapsflaſche.

*Brendling, Schnaps.

Dbrennen, erpreſſen, von den Diebsgenoſſen
einen Anteil erpreſſen.

DBrenngeld, Schweigegeld.

Djemand auf den Brenner nehmen, erpreſſen.

brennern, aufbrechen.

Brenno anlegen, erpreſſen, meiſt von Vigilanten am Beſtohlenen geübt, dem ſie
falſche oder richtige Nachrichten zu-
tragen.

Breslauer, Geldſtück.

Brezeln, Handschellen.

*Brocken, die Berliner Brockensammlung;
        z. B.: Mensch, du siehst aus, als hättst
        de dir im Brocken injekluft't! (Die
        Brockensammlung sammelt alte Sachen
        ein, die sie Heruntergekommenen gegen
        ein kleines Entgelt oder auch gratis
        abgibt.)

Brösel, Tabakspfeife.

*Brotfahrer, Brotbeuteldieb.

*Brotgötze, Hostie.

*Brotlade, Mund.

*Bruch, Not, schwer im Bruch, in großer
        Not, schlechter Kleidung.

*im Bruch sein, in Kleidung herabgekommen
        sein.

*Bruchkadett, ein Zerlumpter.

*Bruchbinder, Buchbinder.

*Bruchdrucker, Buchdrucker.

*Bruchstaude, schlechtes, zerrissenes Hemd.

*Bruchflebbe, schlechte, schmutzige und zersetzte
        Legitimation.

warmer Bruder, Päbrast, Homosexueller.

*Brüder, Komplizen der Verbrecher.

Brumser, Bohrer.

brummen, Strafe absitzen.

Brummer, Gefangener.

Brummer, Fünfpfennigstück.

*Brummerling, Wespe.

*Brummert, Ochse.

*Brummochsenviertel, ein gut Stück von
    Thüringen.

Brunger, Bohrer.

Bfaffot, Brief, Schreiber.

Bua, Dietrich, männliches Glied.

Buchmacher, Leute, die auf Rennplätzen straf-
    bare Wetten abschließen.

*Buchse, Hose.

Budara, Tier.

*Bude, Werkstätte, Geschäft.

Budischa, Angel.

Buklo, Schloß, Vorlegeschloß.

Bumbser, Schläfer.

*Die Bumm, Schweiz.

*Bundermann, Wundarzt.

Bunken, Arbeitsscheue.

*Burgemorun oder Buschmann, Bürger-
    meister.

Bürgerbrief, Gefängnisentlassungsschein.

Buschemer, Beute.

Buschkeilen, Hosen.

*Buschklepper, Landstreicher, der sich besonders
    in Wäldern aufhält.

Buskeyen, Hosen.

Butte, Eimer.

butze handeln, mit großer Behutsamkeit stehlen.

Butter stehen, Schmiere stehen.

*Butterfliege, Schmetterling.

Butzger, Arbeitsscheue, Bummler.

ᴅButzelmann, männliches Glied, Spaßvogel,
    Lump.

C

Cabulla, Kabbalah.

Cachot, dunkler Kerker.

Cacipe, Wahrheit.

Caco, das Richtige.

Cagnotte, Falschspieler=Gruppe.

capores (gehen), verderben.

Chailoff, Hund.

Chaim, Chaimchen, Jude.

Chalderapes, Raub, Einbruch.

chalfen, falsch wechseln (siehe chilfen).

Chalfer, Falschwechsler.

Chalferfahrt, auf Märkte und in fremde Orte
    reisen und chalfen.

Challe, Diebstahl, bei dem nur wenig gestohlen
    wird, um ihn zu verdecken.

Challe schlagen, den Diebsgenossen einen Teil
    der Beute unterschlagen.

Chalm, Fenster.

Chalonskaspern, Erkennen der Gauner untereinander und heimliches Verständigen.

Charazie, Kinder.

***Charlottenburger,** ein Handbündel.

chasime handeln, versiegelte Behältnisse mit Wertsachen gegen solche mit wertlosen umtauschen.

chasne handeln, gewaltsam einbrechen.

chaule, krank.

chaule werden, gefangen werden.

chaumeln, huren.

Chaumelei, Hurerei.

Chausseeeinnehmer, Trainsoldaten, weil sie auf ihren Märschen die Chaussee beengen.

***Chausseegrabentapezierer,** Kunden, die nichts gelernt haben, dufte Kunden, auch solche Wanderer, die im Chausseegraben schlafen.

***Chausseehase,** Kunde, das erste Mal auf der Walze.

Chawer, Genosse.

Chawrusse, Diebsgenossenschaft.

Chaluke, Leuteteilung.

Chayes, das Leben.

Chelafzug, Taschendiebstahl.

Chelef, Talg, Seife, Pech.

Chembene, eine Bude.

Chesse, Diebsherberge.

Chessenspieß, Gaunerherbergsvater.

Cheuder, Zimmer, Absteigequartier.

Chewelstiele, Bande.

chilfen (chalfen) beim Wechseln eines Geld-
     stücks stehlen, auch falsch wechseln.

Chilfer (Chalfer), einer der auf chilfen aus-
     geht, Falschwechsler.

chochum loschum, Gaunersprache reden.

Chomes batteln, Verdächtiges fortschaffen.

Chonte, Dirne.

Choschesch, Finsternis, Zeit zum Stehlen (bes.
     während der langen Nächte Oktober
     bis Februar).

Chossen, Freier, ein zu Bestehlender.

Chozer, Vorhängeschloß.

Choze lewone, Halbmond, Ausbohrer eines
     Schlosses aus Türen oder Kisten.

chülfen = chilfen.

*Citronenschleifer, Goldarbeiter, Arbeitsscheuer.

Classern, Schüssel, Dietriche.

Club, Bau.

*Collex, Kollege.

Colonel, Hausherr, bei dem falsch gespielt wird.

*Commandoschieber, (-brüder), Kunden, die
monatelang auf einer Herberge liegen
und die Dörfer ringsum nach und
nach abbetteln.

°Commentmutter, Dirnenwirtin.

Commerce machen, vom Falschspiel leben.

Commerciant, Falschspieler.

*Compott-Chaussee, Tischläufer.

Cor, Dieb.

Coupe, falsches Abheben beim Spiel.

Cravattenanmesser, Scharfrichter, Gurgelab-
schneider.

Criminalstudent, angehender Dieb, der im
Zuhörerraum der Gerichtssäle sein
Metier studiert.

*Crinoline, Zwangsreiseroute, Zwangspaß.

Croupier, Spielhalter.

Cuknari, Henker.

Cylindervergolder, Päderast.

Czecherl, elende Kneipe, Spelunke, Budike.

D

*Dabbeln (dappeln), wandern.

Dabbelschickse, wanderndes Weib, Wanderdirne.

Dabel, Würfel.

dabern, unterhalten.

*Dachhase, Dachdecker.

*Dachhase, Katze.

*Dachstubenkrauter, Meister, der ohne Gesellen
    arbeitet.

Dales, Tor.

*Dalfer, Bettler.

*dalfen, betteln.

Dalken, betrügen, verprügeln.

Dalled, vier.

*im Dalles sein, in Kleidung herabgekommen
    sein.

*Dallesbrüder ·(Krämer), D. c. Co., ein in
    Kleidung Heruntergekommener.

*Dallesbude, liederliche Werkstätte.

*Dallaswinde, armseliges Häuschen, auch
    Armenhaus.

*Dallas ist Rittmeister, der Geldmangel ist
    groß.

Dalme, Schlüssel.

Daltianus, der Bettel.

*Dalles Bekiß haben, kein Geld haben.

*Dalven (dalfen), betteln.

*Damian, einfältiger Kerl.

Damm, Blut.

*im Dampf sein, betrunken sein.

*Dampf geben, davonlaufen.

Danner, Sonne.

*dappeln, wandern.

Darm, Bänder, Stricke.

Daumen drücken, alter Volksaberglaube: wenn
jemand von einem Hurenkinde der
rechte Daumen gedrückt wird, soll er
im Leben Glück haben.

dawnen, bitten.

Däz, Kopf.

debbert, er betrügt.

*Decke, Dirnenmutter.

*Deckel, Gendarm (s. Teckel), auch Mütze.

Deckruh, Tragbalken der Zimmerdecke, woran
Kleider und Hüte aufgehängt werden.

*Deele, Tür.

Detsch, dumm.

*Deetz, Kopf.

Desus, Desisse, Wachsabdruck.

Derchner, Bettler.

Derfen-Schmuch, Büttel.

Dessin, Plan, Idee zur Ausführung eines
Verbrechens.

Deutsch (Schlüssel) mit hohlem Rohr.

Deutscher, Pfennig.

*Deutscher Reichskäfer, Laus.

Deutschzeug, Sammlung von Dietrichen.

Dibbeln, dibbern, reden, beschwatzen.

36

*Dicke, Dirnenmutter.

dicke machen, den Taschendieb schützen, sich
    vor ihn stellen.

Dick und duhn, betrunken.

Dickmann, männliches Glied.

*Dickchen, Zehnpfennigstück.

*Dickling, Brei.

Dickmann, Eid.

Dietz, Dietrich.

*Dille, Frauenzimmer auf der Wanderschaft.

Dinnef, Kot.

*Ding, Verbrechen; n' Ding drehn, ein Unter=
    nehmen austüfteln oder ausführen,
    z. B. ein Verbrechen oder eine Bettel=
    fahrt.

Dirach, Gegend.

Dirachen, stehlen, betteln, erpressen.

Diraich, Teufel.

Dirchen, Bettler.

Disputierer, langer Stock, um etwas aus
    einem Fenster u. s. w. herauszuholen,
    oder dem Gefangenen unerlaubt zuzu=
    stecken.

Dittchen, Geld.

Dockum, Fisch.

Dofes, Gefängnis, entschlossen sein.

Die Dohle, steifer Hut.

*Dohle, Dirne.

*Doktor, Barbier.

*Dolch, Gericht.

Döller, Beil.

Dolmann, Galgen, auch schöne Aussicht.

*Donnergott, Amtsrichter.

*Donnerschütz, Krieg.

Doppel, Doppler, Zehngulden- (Zwanzigkronen-)
     note oder -Stück.

döpken, spielen.

Döpkenspieler, herumreisende Würfelbuden-
     besitzer, die oft durch falsche Würfel
     und schiefe Unterlagen die Spieler
     betrügen.

Dorf- oder Torfdrücker, Taschendieb.

*Das große Dorf, Berlin.

Dörfl, Strafanstalt, insbesondere die in Wiener-
     Neudorf.

*Dormen, schlafen.

Döse (Töse), Zwangsarbeitsanstalt.

*dov, dumm.

*Dower, ein Armer, den man nicht bestehlen
     oder anbetteln kann.

*Dowrich oder Dowrie, Schnupftabak.

*Draht, Geld.

*Der Draht wird gedehnt! Das Geld wird
     vertrunken!

38

*Drahtlose Kunden, die kein Geld haben.

*Drallewatsch, der Schub.

Drängler, Gehilfe eines Taschendiebs, der ihn
mit seinem Körper beim Diebstahl deckt.

Drow, Gift der Zigeuner.

*draufhippen, sich belügen lassen.

*Dreckschwalbe, Maurer.

Drehrum, Schlüssel.

*Drehscheibe, Arbeitshaus.

*Drehwinde (Drehscheibe), Narrenhaus.

Drei, Gift der Zigeuner.

Dreiblättchen, verbotenes Kartenspiel.

*Dreitrefferhecht, Feldwebel.

*Drescher, Kunde, der nichts gelernt hat.

Drie, Gift der Zigeuner.

*drillen, mißhandeln.

*Drillhaus, Zuchthaus.

Drohne, Rennbaum, zum Sprengen von Eisen-
gitter.

drücken, einen Taschendiebstahl verüben, er hat
einen Oßnick gedrückt mit Gebammel,
eine Uhr mit Kette gestohlen.

Drücker, Taschendieb.

*Drucklas, Diebstahl.

*Drucklasbruder, Spitzbube.

Dry, Gift der Zigeuner.

Duchenen, segnen, Ladendiebstahl.

Ducker, Wahrsager.

duckern, wahrsagen.

*Duft, der, Kirche.

*duft, gut, brauchbar, wirksam, zweckdienlich,
glaubwürdig, gewiegt, durch und durch
erfahren.

*dufte Mittagswinde, Haus, wo der Kunde
gutes Mittagessen erhält.

·Dufte Kunden, Handwerksburschen, die sich
im Landstraßenleben auskennen.

*Duftimann, Frühling.

*duhn, betrunken.

Dummmachen, betrügen, übervorteilen.

Dummel, Schlagring, Handwaffe.

*dünne machen, entfliehen.

Durchbruch, Ausheben der Tür.

*durchstromen, durchstreifen.

·Durchzug, Faden.

durkern, wahrsagen.

Dusche, Schloß, Kaspendusche, Vorhängeschloß.

Dussenmelochner, Schlosser.

E

Ebbes, gestohlenes oder ergaunertes Gut.

Echeder, Dietrich mit hohlem Rohr.

Echtel, Zuchthaus.

das Eck machen, sterben.

Ed, Zeuge.

Ede, Freund, Genosse.

*Eidgenosse, Flöhe, Wanzen, Läuse.

Eier, Vorsicht.

Eier legen, vorsichtig sein.

ein Ei pflanzen, ein Bedürfnis verrichten, ein-
    decken: Diebe verunreinigen oft die Stelle
    des Diebstahls, oft aus Bosheit, oft
    aus Aberglauben. Sie sind der Meinung,
    sie könnten nicht gefaßt werden, wenn
    sie verschwinden, ehe der Kot erkaltet.

die Eier schleifen, jemand drillen, im Dienst
    quälen.

eindrugen, eindringen.

*eingekluftet werden, von Polizeiwegen mit
    besserer Kleidung für den Transport
    ins Arbeitshaus versehen werden.

*eingepuppt werden, von Polizeiwegen bessere
    Kleidung für den Transport zum Ar-
    beitshaus erhalten.

Eingeweide, das Geld im Schrank, Kasten,
    Opferstock.

*sich einkluften, sich geschenkte bessere Kleidung
    anziehen.

einkuffen, eindringen.

*sich einpuppen, sich bessere Kleidung anziehen.

einschabbern, einbrechen.

*einstellen, Gesellen aufnehmen.

Eintippel, Ort, Wirtshaus, Wohnung, wo sich Verbrecher versammeln.

Eintreiber, der den Falschspielern Dumme zuführt.

*Eisbär, einer der viel Geld macht. Sparpfennig.

*Eisbärbruder, ein Kunde der immer einen Sparpfennig hat.

Eisbär brummen lassen, den Sparpfennig ausgeben, verzehren.

*Eisbärbeutel, Sparsäckel.

*eisbären, viel Geld zusammenholen.

*Eisbärkratzer, einem den Sparpfennig stehlen.

Eisbär schneiden, Einbruch vorbereiten.

Eisch, Feuer, Brand.

Eischer, Brandstifter.

Eisef, Tabak.

Eisef schweichen, rauchen.

Eisenbahn, langer Stock zum Stehlen aus Schaufenstern.

Eitz, Holz.

Eitzebajes, Polizeigebäude.

*Elefantensuppe, Reissuppe.

*Element, Lagerbier.

*Elementenfärber, Brauer.

Elle, Brechstange.

*Ellenmänner, Schuhe.

*Ellenreiter, Kaufmann.

*Emm, Emmchen, Mark.

Emmes machen oder pfeifen, ein Geständnis ablegen.

Emmes putzen, ein Geständnis rückgängig machen oder zu seinem Vorteil verändern.

Emmespriese, Kautabak.

Engelmacherin, Kinderpflegerin, die die Kinder verkommen läßt, ihnen saure Milch oder andere Dinge gibt, an denen sie sterben, ohne daß ein Verschulden nachzuweisen ist.

*englisch Leder, auf gehen, barfuß.

englisch Wälsch, ein Hauptschlüssel.

*Erbsen kochen, schnarchen.

*Erbsten, Gefängnis.

*Erdäpfelpalast, Gefängnis.

Erdmann, Topf.

*Erdschlupfer, Maus.

*Erdweinbeeren, Kartoffeln.

*Erdtrauben, Kartoffeln.

Erefgänger, Dieb, der abends stehlen geht.

Eriz de Buchine, Kartoffeln.

von Erinnerungen leben, bekannte Personen anbetteln, erpressen.

*Erlauer, Erlkönig, Drechsler.

*Ermländische Ritter, Kunden, die sich im Ermlande aufhalten.

Ern, Pfeile.

*erobern, erbetteln; z. B. „Haste heute wat erobert?" oder „det habe ick in 'ne halbe Stunde erobert!"

erpumpen, erstechen.

Esche, Geliebte.

Esches, Gauner= Landstreicherzählung.

Eschkoch, sich vorsehen.

*Essig, Unglück.

Eule, Nachtwächter.

*eingewickelt werden, in Arrest kommen.

Esterel, packen, angreifen.

Ewen lochom, Probierstein für Gold.

Ewen-tow, Edelstein.

Ewil, Sünder, Narr.

Ewus, Stallung.

F

Faber, Schinder.

Fabian, Hunger.

*fackeln, wenn die Behörde nach dem Heimat= ort schreibt, schreiben.

*Hackelei, Schriftstück, Handschrift, linke: schlechte,
 dufte: gute.

*Hackler, Schreiber.

*Hackelträger, Bettelbriefschreiber.

*Fahne, Taschentuch.

die Fahne tragen, die ganze Schuld auf sich
 nehmen, um die Komplizen zu ent=
 lasten.

*Fähnrich, Käse.

*Fahrt, Bettelgang. Auf die Fahrt steigen,
 betteln gehen, stehlen.

*fest auf der Fahrt sein, flott betteln.

*einander die Fahrt verderben, zusammen in
 derselben Straße (Dorf) betteln.

*Fahrumseck, der Besen.

Faktum, das gestohlene Gut: „mach kein
 Faktum!"

*Falle machen, beim Spiel zureden, damit der
 Spieler auf das (scheinbar für ihn
 gute) Spiel eingeht. Bei Kunden:
 Die Leute beschwindeln, um mehr Geld
 zu erhalten.

fallen, verhaftet werden.

treefe fallen, auf frischer Tat ertappt werden.

Fallmacher, Falschspieler, Verleiter zum Falsch=
 spiel.

*Fänger, Criminalpolizist, Schutzmann in Civil.

Farbe, viel, oft.

*Fassade, Gesicht; z. B. „Ick soll dir woll
eens mang die Fassade langen?"
oder: „Ick soll dir woll deine Fassade
putzen?", ins Gesicht schlagen.

faul, nicht verschwiegen, falsch, schlecht, gefährlich.

*der Faule, Geheimpolizist.

*fauler Junge, Verräter, unzuverlässiger Mensch.

*Fechter, bettelnder Handwerksbursche.

*fechten, betteln.

*Federhändler, österreichischer Gensdarm, als
er noch den Federhut trug.

*fegen, trinken.

*Feger, dufter Bettler, Branntweinbruder.

Fehmer, Schreiber.

*fehmern, ¹) schreiben, fackeln, ²) Selbstkochen
der Kunden.

*Fehmerschwarz, Tinte.

*Feierabend, Abschied, Entlassung bekommen,
oder auch: Ich habe Feierabend gemacht, die Arbeit eingestellt.

Fellergertel, Bleistift.

Feldglocke, Galgen.

*Feldhühner, Kartoffeln.

*Feldkonditor, Ziegler.

*Feldkonditorei, Ziegelei.

*Feldmann, Pflug.

Feldmännle, Egge.

Feldschabber, Pflugeisen.

Feldzug schmieden, Diebsplan vorbereiten.

*Felleisen, Reisebündel.

*femern, Kochen der Kunden.

*Fendrich, Käse.

*Fenaber, Fenster.

Feneten, Augen.

Feneter, Fenster.

Fensterfahrt machen, einbrechen durch offne
        Fenster.

*fest, groß.

D*fett, betrunken, reich.

D*fetter Kober, reicher Liebhaber.

DFetter, reicher Liebhaber.

*Fettfleck, Orden.

*Fettigkeit, Wurst, Speck, Fleisch.

*Fettläppchen, Tuchmacher.

fetzen, schneiden, Koffer vom Wagen stehlen.

Fetzer, Schinder, Metzger; Dieb, der etwas
        abschneidet, Bote.

*Feuriger, Eisenbahn.

*Feuermann, Staatsanwalt.

Fichte, Nacht.

fichte gehen, bei Nacht stehlen.

Fichtschmier, Nachtwache.

Fichtschmierer, Nachtwächter.

Ficke, Beutel, Tasche.

Dfickern, herumstreichen.

Fieberer, Schreiber.

fiebern, schreiben.

Fiesel, Bote, Zuhälter.

Filou, sehr schlauer Betrüger.

filutieren, betrügen.

*filzen, die Kleider nach Ungeziefer absuchen,
    untersuchen seitens der Polizei am
    Körper und an den Sachen.

*Filzbruder, Gendarm, der die Kunden gern
    aussucht oder Kunde, der die Hände in
    die Taschen seiner Kameraden steckt.

*Filzlaus, Zwanzigpfennigstück.

*Filzlaussuppe, Griessuppe.

fin, schlau.

Dfinden, stehlen.

Finder, Dieb.

*Fini, Schnaps.

Finkel, Küche.

Finkeljochen, Branntwein.

finkeln, sieden, braten.

*Finne, Flasche, Schnapsflasche, Kasten, Lade.

'Finnenbatterie, Menge Schnapsflaschen.

*Finsterling, Geistlicher.

48

*Finchen, Arbeitsbuch.

Finte, Täuschung.

*Fips, Schneider.

fischen, stehlen.

*Fischneß, Weste, Zwangsjacke.

fitzen, nähen.

Fixfax, Täuschung.

*Flabbe, Mund.

*Flachling, Teller.

*Flachs, Markstück.

flachsen, betrügen, jemand durch Versprechungen
     zu Gefälligkeiten verführen.

Flackerfahrt, Brandstiftung.

flackern, brandstiften.

Flagge falsche, falscher Name.

*Fladern, waschen.

*Flamme, Mädchen, Braut.

*Flamme, Flammert, Halstuch, Schürze.

*Flammer, Schmied, auch der beim Diebstahl
     Leuchtende.

Flammer, Diebslaterne mit Blender.

Flammergaudi, Attest, daß ein Anwesen ab-
     gebrannt ist.

*Flamieren, herumstreichen.

flammen, anzünden.

Flammtip, die von einem brennenden Licht abfallenden Tropfen auf Kleidern und Stiefeln der Diebe.

Flanellwache stehen, zur Braut oder Frau gehen und eine Diebesfahrt dadurch versäumen.

flanieren, Gelegenheit zum Stehlen suchen.

flankieren,

*****Flapsch,** Mittagessen.

*****Flatterfahrer,** Wäschedieb.

Flatterfahrt, Wäschediebstahl auf Böden.

*****flattern,** wenn Kunden irgendwo arbeiten und an den Feiertagen die Umgegend abfechten. Man nennt sie auch Fledermäuse.

Flauen, Betten,

Flauenfahrt, Bettdiebstahl.

*****Flätterling,** Vogel, Taube.

*****Flebbe,** offizielle Zeitung, öffentliches Blatt, Zeugnisse, Legitimationspapiere.

Flebbe, blinde: falsche Legitimationspapiere.

*****Flebbenfackler,** einer, der falsche Papiere anfertigt.

Flebben-Melucher, Urkundenfälscher.

*****Dufte Flebberei,** gute Legitimationspapiere.

*****linke Flebberei,** falsche oder schlechte, verjährte Legitimationspapiere.

50

*geflebbt werden, die Papiere dem Gendarmen
        vorzeigen müſſen.

*Flebbenträger, Briefträger.

*Fleck, Brieftaſche.

*Fledermaus, Brief.

*fledern, einen ſchlafenden Kunden oder eine
        ſchlafende Perſon beſtehlen.

*Flederer, Dieb, der Schlafende ausplündert.

Fleiſchmann, Poliziſt, Henker.

*Flepperei, Papiere.

*die Fleppe verſudeln, das Papier unbrauchbar
        machen, z. B. ein zum Erſchwindeln
        von Reiſeunterſtützung beſtimmtes durch
        den Eintrag, daß ſolche erteilt ſei.

Ᵽfliegender Puff, die Jahrmarktsbuden mit ge=
        putzten Mädchen, Droſchken, die von
        Dirnen benutzt werden.

*Flinte, Schnapsflaſche.

Flocken, Leinewand.

*Flöhfänger, Mantel, Ueberrock.

Flohmann, Kartenwerfer.

floſchen, ſchwimmen.

*Floſſerfahrer, Fiſch.

*Floſſerkatz, Fiſchotter.

*floſſern, ſein Waſſer abſchlagen, aus Trunken=
        heit Bett näſſen.

*flossern, Wassertrinken.

*Flossert, Wasser, Regen, Urin.

*es flossert, es regnet.

*Flossertstenz, Regenschirm.

Flößling, Hering.

Flunkerkies, Falschgeld.

flunkern, betrügen.

*Flurmichel, Flurschütz.

Flusser, Wasser.

flussern, schwimmen.

*Flöte, Arbeitshaus.

Flöte anlegen, Verbrecher durch freundliche
    Behandlung zum Geständnis bringen.

Flöte machen, alle Mitwisser verraten.

foppen, necken.

Forch, Gold.

förfern, brennen.

Form, in Form sein, Geld haben.

Fottenhäuer, Lehrer.

Fotz, Faden.

*Frankfurter, ehrlicher Mensch.

Frankenscher Massematten, sehr ergiebiger
    Einbruch.

*Frachtbrief, Entlassungsschein aus Arbeits=
    haus oder Gefängnis mit Reise=
    vorschrift.

Frechmann, Verhör.

D Freier, [1]) derjenige, der betrogen oder bestohlen werden soll, [2]) zahlender Liebhaber einer Dirne, eines Prostituierten.

*linker Freier, schlechter Kamerad.

den Freier greifen oder schleppen, einen zu Betrügenden dem Betrüger zuführen.

den Freier versetzen, den Betrogenen wieder los zu werden suchen.

freier Mann, unbescholtener Mann.

Freikäufer, (Weißkäufer), Markt- und Messedieb.

Freischippenhaus, Falschspielhölle.

Freischupper, Falschspieler, Betrüger.

Freischupperhaus, Falsch-Spielhölle.

*freiwillige Winde, Arbeiterkolonie.

*fremd bekommen, aus der Arbeit entlassen werden.

fremd gehen, seine Frau oder Braut mit einer andern betrügen (rheinisch).

*fremd machen, die bisherige Arbeitsstätte aufgeben und weiter wandern.

D Fritze, Schminke, fritzen, sich schminken, sich herausreden.

*Frosch, Monat; 6 Frösch, 6 Monate Gefängnis.

Frost, Mißbehagen.

Fu, Gold.

Fuchs, Gold.

Fuhre, die große Diebestasche in den Röcken
    der Laden- und Marktdiebe.

Fuhren, die aus zerrissener Wäsche geknüpften
    Stricke, die zum Übermitteln von Mit-
    teilungen in die Gefängnisse gebraucht
    werden.

Füllwurm, Trichter.

ᴆ Fünfminutenbrenner, lang andauernder
    leidenschaftlicher Kuß.

*Funkenstieber, Schmied.

*Funkenspritzer, Schmied.

Funkert, Feuer.

funkelkaspern, betrügen, hexen.

ˊfunkeln, wie flammern, anzünden, Feuermachen.

Funkelwinde, Feuerhaus.

*Fünkling, auch Funker, Feuer, Schwefelholz.

ᴆ Fürsorge, Anstalt für der Fürsorgeerziehung
    überwiesene gefallene Mädchen.

*Fürwitz, Bader, Doktor.

*Fußlappen, Weißkohl.

*Fußlatscher, Fußgensdarm.

Futa, Späher, Aufpasser.

ᴆ Futleckerl, einer, der den Hintern leckt.

Futterklappe, Futterluke, Mund.

G

gablen, schwören.

Gacheler, Schleichdieb.

Gackler, Schleichdieb

Gadiche, Rindvieh.

Gagire, Spur.

Gaider, Kammer.

Gains, das Leben.

Gojet, Schneider.

Gais, gescheit.

*Galgennagel, gelbe Rüben, Anstaltsmahlzeit.

*Galgenposamentier, Seiler.

Galgenschieber, Auditeur.

*Gallach, Pfarrer.

*Gallachschicks, Pfarrköchin.

*Gallachwinde, Pfarrhaus.

*Galachine, Gallachte, auch Gallachkrone,
    Pfarrersfrau.

Gallach machen, den Geistlichen bestehlen.

*Galline, Huhn.

Gallon, Mond.

*Gallonis, Fenster.

*Galoppschnitzer, Sattler.

*Gamel, Esel (Schimpfwort).

Gammede, Sonne.

*Ganfen, gannewen, stehlen.

*Gannef, Gannew, Dieb, Gauner.

Gannewe, Diebstahl, Diebstahlsertrag.

Gannewpflaster, Papier oder Stoff mit Pech,
    Seife oder andern Klebstoff bestrichen,

mit dem Fensterscheiben eingedrückt
werden.

Gardinen, eiserne Stangen vor den Fenstern.

*Garnlinghengst, Weber.

Garrott, Knebel.

Garrotter, Räuber, der den Überfallenen die
Kehle zuschnürt.

garottieren, knebeln.

gaseln, rauben.

Gaslaus, Räuberei.

Gassene, Hochzeit.

Gasser, Schwein.

Gäude, Nase.

gaudel, stark, groß.

Gaunerzinken, Geheimzeichen.

gauschef, dunkel.

Gawinner, Genosse.

gawolen, binden.

*Gebammel, Gebimmel, Uhrkette.

*Gebärvater, das männliche Glied.

ᵃden Gebärvater einhängen, koitieren, mit Män=
nern homosexuellen Umgang pflegen.

*Gebrannte Mandeln, schlechtes Pflaster.

ins Gebirge gehen, in die Strafanstalt kommen.

gebuchelt, sicher.

gebunnst, verhaftet.

gediehn, schlau.

Gedinne, ehrlich, unbescholten.

gedolmt werden, gehängt werden.

gedruckte Blüten, falsche Banknoten.

*Geflinder, Geflieder, Schriften, Legitimations-
    papiere.

Geflederter, Betrogener.

Gefleim, viel Geld.

Gefusse, Schwester.

geglitsch, geschlossen.

Geharr, Dorf.

*Geheimer, Kriminalpolizist, Schutzmann in Zivil.

*gehen, freiwerden.

Gehirnrevision, Instruktionsstunde.

Geideck, Bankhaus.

Geider, Zimmer.

ᴵGeigerl, Dirne.

gekappt, verhaftet.

gekaut, schlau.

gekneist, erkannt.

*Gelbling, Weizen.

ᴵGelbseidene, niedrigstehende Dirne.

*sich für Geld sehen lassen, betteln.

Geldspindknacker, schwerer Einbrecher.

*Gelbfüßler, Badenser.

*Gelegenheitskerl, Gelegenheitsarbeiter.

gelosen, gescherzt.

Gemachter, der Bestohlene.

*der Gemeierte oder Gemachte, der Be=
    stohlene, der Betrogene, der Blamierte.

Gemore, Denkzettel.

*schwarzer Gendarm, Pfarrer.

geneifen, stehlen.

geputzte Männchen, falscher Taler.

Gerengero, Kuppler.

Geritt, die Masse.

Geschäfte machen, etwas durch das Diebs=
    gewerbe verdienen.

geschlichtert, gestehen.

Geschmailen, Geschmol, Zuchthaus.

*es hat geschnackelt, es ist Zeit!

geschnellt, geschlossen.

geschnoben, gekundschaftet.

geschoben, fein geschoben, gut gemacht, ver=
    raten.

Geschobener, Verratener.

geschoren, gestohlen.

geschwemmt, polizeilich gemeldet.

ᴰgeschwollen, schwanger.

Geseires, unnötiges Geschwätz.

Gesessene, Gewaltdiebstahl.

*Gestreiften, Kirsch mit Rum.

Getalgener, Gehängter.

Gettern, Brillanten.

geweißigt, gut mit Geld versehen.

58

gewinnen, ein Kind bekommen.

Gewinnerin, Wochenbetterin.

Giebel, Nase.

ᵀGießkännchen, männliches Glied (rheinisch).
„er hat was am G." er ist krank.

*Gift, Schnaps.

*Giftmischer, Arzt.

*Giftmischer, Apotheker, Destillateur.

Gimel, drei.

Gimelblättchen, Dreiblatt, Kümmel- Gimpel-
        blättchen, betrügerisches Kartenspiel.

Gimpel, dummer Mensch.

gippichen, suchen.

*Gips, Geld.

*Gips, Schnupftabak.

*gipsen, schnupfen.

ᵀDer Gips ist herunter, die Mauersteine
        gucken vor, das Mädel ist abgelebt.

*Gipsverband, weißes Vorhemd und Kragen,
        besonders aus Gummi.

*Girgl, weibliches Arbeitshaus St. Georgen in
        Bayreuth.

Gittchen, Gefängnis.

Gittchenschein, Entlassungsschein.

Gittchenschieber, Einschleichdieb.

Glandi, Messer.

*Glanzer, Stern.

Glaseines, Pistolen.

Glasse, Flinte.

*glatt, gut.

*glatter Henkel, guter Kerl.

Gledalo, Spiegel.

Gleicher, Genosse.

Gleis, Silber.

ᴰGleishänse, (weibliche) Brüste.

Gleisige Joschke, Silbergerät.

Gleiszicht, Silbergeld.

Glidd, Freudenmädchen.

Glimmstengel, Zigarre.

Glitsch, Riegel.

Glitschen, Schlüssel.

*Globetrotter, Ausreißer.

*Glitscher, Schlitten.

Glocke, Uhr.

Glucke mit Rücken, Eßbesteck.

*Glufemichel, diensteifriger Mensch.

ᴰGlunde, Dirne.

glupen, sehen.

Gnatze, Ausschlag; Gnatzkopf, Grindkopf.

Gneist, Diebstahl.

Gnofe   „

Goe, Nichtjude.

᾿Godel, Groschen.

godel, stark, groß.

gohlen, bringen.

Goldkragen, Beamter.

Gole, Diebestasche. Wagen von dem gestohlen
     wird. Umhüllung eines Kassibers.

Gole, Wagen.

Gole-Schlächter, Golehopser, Kollidieb; auch
     Golegänger.

Golefahrt, Wagendiebstahl.

Golegänger, einer der vom Wagen stiehlt.

*Goll, Fuhre.

Golle, Frau.

Gono, Sack.

Gordel, Topf.

Görrisch, Laub.

Gosser, Schwein.

*Gottesgabendrechsler, Bäcker.

Göttl, Genosse.

Gottschick, Stempel.

Gozer, Gehöft.

Gozerwind, Hoftor.

Gra, Frau.

gramschen, stehlen.

Gramscher, Dieb.

*Granaten, Bauernfänger.

Grandig, grannig, groß, schön.

*Grasfunkel, Sichel.

*Graudenz, Arbeitshaus.

graulen, fürchten.

*Graues Elend, Gefängnis.

*Graupenpalais, Gefängnis.

Grauschimmel, Esel.

*Grec, feiner Falschspieler (französisch, von Grieche.

Grei, Pferd.

*Greifer, Geheimer.

greifen, er will sich was greifen, er will auf irgend eine Weise zu Geld kommen.

*Greiffenberger, Taschendieb.

*Greifferei, Kriminalpolizei.

*Greifling, Hand.

*Greiflinge, Finger.

Greinert, Schwein.

Greis, Alter.

*Griff, Hand, Finger.

Grillenberg, ein Studierter.

'grillich, evangelisch.

grippieren, fortnehmen.

Großerkener, Schinken, Speck.

Großkotz, Prahler.

'Großmausche, Gerichtsvorsitzender.

'Großpurum, Stemmeisen, Brecheisen.

Growe, Diebstahl.

*Gruber, Schaufel.

Grünemann, Frühling.

*grüner Heinrich, Schubwagen (Wien).

*Grüner August, der grüne Polizeiwagen in Hamburg.

*Grüne Minna, der grüne Polizeiwagen, der die Verhafteten von den Polizeirevieren zusammenholt und nach dem Polizeigefängnis am Alexanderplatz fährt.

*Grünling, Laub, Gras, Kraut, Kohl, Wiese, Zaun, Garten.

*Grünmann (Duftmann), Frühling.

*Grünspecht, Grünschnabel, Grünwedel, Grünhose, Jäger (Soldat), Förster.

*Grunzer, Schwein.

*Grützkasten, Krankenhaus.

*Gugelfranz, Mönch.

*Gummibälle mit Wischhaber, Rindfleisch mit schlesischen Kartoffelklößen.

*Gummihutschen, Fiaker.

Gurke, Nase.

*Gurken, alte zerrissene, verbogene Schuhe oder Stiefel.

Gurkenmacher, Grünhändler, Gärtner.

Gusche, Mund.

Gusto, Finger.

Gustrin, Ring.

guten Morgen wünschen, sich (in ein Zimmer)
    einschleichen und stehlen.

Gutenmorgenwünscher, Dieb, der in der
    Frühe stiehlt.

Guten Tag sagen, bei der Abwesenheit der
    Bewohner einbrechen.

*Gymnasium, Strafanstalt, Zuchthaus.

Gyps, Geld.

5

ᴰ**Haartruhe,** weibliche Schamteile.

ᴰ**Haartruhe sprengen,** Notzucht verüben.

Habsburger, Falschspieler.

Häckel, Schaf.

Hackelmann machen, Raub.

Hadatsch, Schutzmann.

Hader, Karten.

hadern, Karten spielen.

Haseneine machen, Einbruch.

Haken, Dietrich.

Halbe, Seite, sich in Sicherheit bringen.

auf die Halbe springen, auf die Seite springen.

*Halbes Pfund, ¹/₄ Liter Schnaps im Norden,
    im Süden sagen die Schnapstrinker
    Sautreiberstützen dazu.

ᵀ**Halbseidene,** Nichtkontrollierte Dirnen besserer
    Art. Der Name stammt gewiß von
    der Halbeleganz her, mit der sich diese

Dirnen kleiden, von ihren auffälligen seidenen Unterröcken, seidenen Bein=kleidern, Strümpfen ꝛc. auch soll er wohl ihr halbanständiges Wesen ver=höhnen.

*Hallas, Lärm, Geschrei.

Halsabschneider, Wucherer.

*Halseisen, Stück.

hamisno, ärgerlich sein.

Hammel, Schimpfwort.

hammern, essen.

*Hammerschlag, Schmied.

Hampelmann, Gummischlauch oder Strick mit Bleiknopf zum Schlagen.

Handel, Diebstahl, Verbrechen.

handeln, stehlen.

Handrich, Käse.

*Hanf, Brot, besonders im Gefängnis.

ᵀHanne, Prostituierte.

Hanno, Gewinnst.

Hanns, Tölpel.

Hans Walter, Laus.

harbe, viel, oft.

Harigo, Mord.

Harkum, Kupfer.

Harles, hier.

Haro, Säbel, Messer.

Harr, Berg.

Hartl, Gefangenenwärter.

*Härtling, Messer.

Harum Pascha, Bandenführer.

*den Hasen machen, weglaufen vor der Polizei.

Hasenohr, Sammet.

Hauchus, ungeschulter Gauner.

hauen, stehlen.

Hauer, Dieb.

Haupter, Hauptschlüssel oder Dietrich, der am
          meisten zur Verwendung gelangt.

Haurech, Totschläger.

Hauswalter, Ungeziefer.

DHaut, Soldatendirne.

*es haut in die Appel, es geht schief.

*es haut nicht, es schlägt nicht durch.

Hawel, Faden.

*Hechtling, Hering.

Heckdisch, Krankenhaus.

Heckdisch, Lazarett, Armenhaus.

*Heckenscheißer, Jäger.

*Heckjäger, Speckjäger, ein alter Kunde, der
          immer wieder kehrt.

heichen, schlagen.

Heichus, Schläge.

*Heiligkeit, Herberge zur Heimat.

*Heiliger Vater, Verwalter einer Herberge zur
        Heimat.
*Wilde Heimat, Herberge, in der nicht gebetet
        wird.
heimerlich spielen, umbringen.
Heimesgannew, Viehdiebe.
*Heimlicher, Kriminalpolizist.
*Heimschicker, Mörder, Arzt.
heimtun, umbringen.
*heiß, beschwerlich.
*heiß sein, es ist heiß, Ort, wo wachsame
        Polizei ist.
*Heiße, Prügel.
*Heiße bestieben, Prügel bekommen.
Helfener, Wechseldieb.
Hellig, Anteil an einer Beute.
helligen, teilen.
*Hemdenschnorrer, alter, abgelebter Bettler.
*Henkel, Mann, glatter Henkel, guter Mann.
Henkelmann, Speisekessel, zum Schmuggel benutzt.
*Henne, wandernde Bettlerin; z. B. Staub-
        henne, Mehlbettlerin, glatte Henne,
        dufte Dirne.

Herich, Mord.
Hering, Hildesheim.
*Heringsbändiger, Kaufmann.

*Heringsteich, Meer.

herrles, hier.

herstellen, betrügen im Spiel.

herumstreichen, das Fahnden der Militär-
        patrouillen auf sich prostituierende
        Soldaten.

*Heu, Tabak.

Heufeln, Glücksspiel.

Heulliese, leicht weinendes Frauenzimmer.

Hey, Hannover.

Himmelscheinflatterl, Schwalbe.

*Himmelsfechter, Kunden, die nichts gelernt
        haben, Arbeitsscheue.

*Himmelsteig, Vaterunser.

Hinkelschieber, Küchendieb.

Hinterschieber, eine Dietrichart.

*hinterkünftig, im Hof, oder versteckt; .er ist
        hinterkünftig (hinterlistig).

*hinterkünftiger Draht, Geld, das man vor
        den andern Kunden versteckt hält.

*Hin und Wieder, Pendeluhr (auch Feile oder
        Säge).

*Hitze, gerichtliches Verhör; Stube.

*Hitzling, Ofen.

*Hitzwinde, Stubentür.

*Hobelhengst, Hobeloffizier, Tischler.

*hochfliegen, verhaftet werden.

*hochgehen, arretiert werden.

*Hochmut, Säule.

*hochnehmen, zum Ausgeben veranlassen, erpressen, besonders von männlichen Prostituierten geübt.

*Hochschütz, Windmüller.

*Hofwinde, Hoftür.

Din die Höh gehn, schwanger sein.

*Hohe Schule, Zuchthaus, Gefängnis.

Hohlarsch, Kamin, Schornstein.

*Hohlaus, Krähe.

Hoige, Prügel.

Hölle, Untersuchungsgefängnis.

*Holzarbeit, auf der Bank oder auf der Pritsche schlafen.

*Holzwurm, Schreiner.

Honorist, feiner Gauner.

Honsel, Koffer, Truhe.

Honziger, Knabe.

*Horcher, Ohr.

Horn, Geld.

*Hornbock, Hornickel, Kuh, Ochse, Stier.

Hospes, Hosges, Wirt.

hosper, offen.

IHuadaragsölln, Filzläuse.

Hulchener, einer, der eine Gaunertat beabsichtigt.

Hund, Vorhängeschloß.
Hundefänger, Zuführer des Stellenvermittlers.
*Hungerturm, Strafanstalt, insbes. Göllersdorf.
'Hungerkloster, Krankenhaus.
'Hurf, Schnapsflasche.
*Hupfer, Hupser, Rheinpfälzer.
*Hupferl, Floh.
'Hurrahknüppel, Fahne.
*Huscher, Huschchen, Husar, Gendarm.
Huschken, Gendarm.
*Huschütz, Wassermüller.
*Hutmacher, Wilddieb.
D Hutterergesellen, Filzläuse.
huwen, sich ducken.

J

Jaar, Wald.
jabbern, sprechen.
jabbere nicht, spreche nicht.
dem Jackel das Eingeweide ausnehmen, auch
    Jackelpritscher, den Opferstock plün-
    dern.
Jad, Hand.
Jadbarsel, Handeisen, auch Handschellen.
Jadkehändler, Kirchendieb.
Jadsacher, kleines Brecheisen.

Jadscherer, Händler, auch Brecheisen.

Jadschocher, „   „   „

Jadschunik, Einbrecherwerkzeug.

*Jagdgewehr, Haarkamm.

*blauer Jagdhund, Schutzmann.

Jajim, Wein.

*Jakobifedern, Stroh.

*Jakobinerland, Württemberg.

*Jakobiner, Württemberger.

*jaklisch, württembergisch.

*Jämmerling, Witwe.

Janhagel, Pöbel.

Jaske, die Kirche.

Jaskengannef, Kirchendieb.

Jattschaber, Meißel.

*Jauche, Zuchthaussuppe.

*Jemmchen, Jahr.

*ein Jemmchen abreißen, ein Jahr im Ge-
      fängnis zubringen.

Jelk, Bremen.

*jenisch, klug, im Gaunertum erfahren.

'Jenische Sprache, wie man auch irrtümlich
      die Kundensprache nennt.

'Jenisch sind alle fahrenden Leute, die nicht
      vom Siede abstammen, d. h. keine
      Zigeuner sind.

jenisch kacheln, die Gaunersprache reden.

*Jenisch-Tippern, Kundensprache.

'Jhahahimmel, Pferdewursthändler.

Ill, Stunde.

Illon, Baum.

Iltis, Polizist, Gendarm.

Ins Kraut gehen, Konkurrenz machen.

intus haben, Beute haben, betrunken sein.

Joch, Suppe.

Jochen, Wein.

*Jockelcher, Läuse.

jockeln, wenn Diebe durch Rütteln etwas öffnen.

jocker, teuer.

jof, schön.

*Johle, Wein.

Johlegänger, Kollidieb.

Jolef, Augsburg.

Jom, Tag, Jomin, die Tage, Jombes, Montag, jom gimmel, Dienstag, jom dolet, Mittwoch, jom he, Donnerstag, jom rof oder wof, Freitag, jom schin, schabbes, Samstag, jom tof, Sonntag.

jominell, sich drücken.

Jomschien, Tagesaufseher im Gefängnis.

Jomschmiere

Jordan, Brecheisen.

Josch, Schlaf.

joschen, schlafen.

gleißige Joschke, silbernes Eßzeug.

Ische, Frau.

Jsegrimm, Gefängnis.

Juckel, Laus.

*Jud, Opferstock, Speck.

jüdeln, handeln, schachern.

*Judenreiter, Opferstockmarder.

juft, frei.

Juffart, Freiheit.

*Jugendliche, Unmündige in Zwangserziehung.

*schwerer Junge, gewiegter Einbrecher.

*dufter Junge, guter gediegener Verbrecher.

*fauler Junge, unehrlicher Verbrecher.

+Junges Gemüse, junge Mädchen.

jungmäßig, ohne Geld.

K

Kabber, Teilnehmer an einem Diebstahl.

kabbern, beim Diebstahl helfen.

Käber, ein Kolli.

*Kabser, die Person, mit der jemand kaspert.

Kaborn, Kabohre, Kawure, Versteck für
    Diebstahls= und Einbruchssachen, auch
    Diebswerkzeuge.

Kaboren (eine Kabore legen), Diebssachen
    verstecken.

Kabruse, Kabrusche, Vereinigung zur Be-
    gehung eines gemeinsamen Diebstahls.

Kabüffken, Diebeswinkel.

Kachelinchen, Huhn.

*Kadett, junger Handwerksbursche.

*alter Kadett, alter verkommener Kunde.

*Kafrin, Amtmannsfrau.

*Käfermertine, Schwabenland.

*Kaffeeklappe, kleines Kaffeelokal.

*Kaffeemühle, Wagenwinde, Winde um Türen
    zu sprengen, Uhr.

·Kaffeemühlenschleifer, Uhrmacher.

*Kaff, Dorf.

*Kaffernkrone, Bauernfrau.

*Kaffer, Bauer, Dummer.

·Kafferin, Bäuerin.

Kafferkiete, Bauernhaus.

*Kafferinchen, Bauernkind.

*Kafferitsche, Bauernmädchen.

*Kaffern, Kunden ohne Profession.

Kaffernfänger, Bauernfänger.

*Käfig, Zelle, Haft.

*Kahn, 1) Bett, 2) Entlassungszelle, 3) Ge-
    fängnis.

*Kailoff, Hund.

*Kaiserin, runde Semmel (bayerisch).

Kakeler, Schwätzer.

kakeln, unterhalten.

*Kälberzähne, Graupen.

D Kalbfleisch, zarte blühende Mädchen.

eine Kalches machen, von den ehemaligen Angaben weichen, ein Geständnis machen.

Kall, Geld.

*Kalle, Braut, Geliebte.

*Kalle, Wirtstochter.

Kallfrosch, Schankwirt.

kalschen, tragen.

*Kamaschenknöpfe, Linsen.

D kammeln, koitieren.

*Kaanscheften, im Gefängnis sitzen.

Kandich, Bordell.

kangen, kaufen.

*Kanndl, Kantl, Kanif, Taschenmesser.

*Kanore, Steckbriefverzeichnis.

*Kante, Zwangsarbeitsanstalt.

*Kapat, Speck.

Kapdon, gefürchteter Polizeibeamter.

*käpernicken, sehr schnell davonlaufen.

*Käppchen, Schlächter.

kappen, verhaften.

*Kapphans, Viehdieb.

*Kappenhans, Kapuziner.

kapore halchenen, umgebracht werden.

kapore zawern, den Hals abschneiden.

Kappore machen, umbringen.

kapores gehn, sterben.

*kaput, tot, verdorben, entzwei.

karie, schießen.

*Karoline, Schnapsflasche.

Kärner, Fleisch.

Kärnerer, Fleischer.

Kärnerer sachern, Fleischer bestehlen.

*Karrenbauer, ein Landfahrer, der im Karren
        logiert.

Karten, Polizeipatrouille.

*Kartoffel, Taschenuhr.

Kartoffelhopser (Stoppelhopser, Furchen-
        hopser), Infanterist.

*Kartuffeln Kartuffeln, Bezeichnung für
        Gendarmengalopp.

Kaschemme, Kneipe, Wirtshaus, in dem Dirnen,
        Zuhälter und Verbrecher verkehren.

Kasemattenfurz, Festungsartillerist.

*Kasino von Robert und Betram, öffent-
        liche Volkskaffeehäuser, Volksküchen.

Kaspar (Kasper), Betrüger.

kaspern, betrügen, zum Besten haben.

kaspern, unerlaubtes Verkehren der Gefangenen untereinander, auch durch die Klopfsprache.

Kassaph, ein Schreiber, Buch.

Kassaunis, Hemde.

Kassiere, Papiere.

Kassiber, die zur Verständigung der Gefangenen oder deren Genossen dienenden Zetteldchen. Brief. Flebbe.

*Kasten, Gefängnis.

Kastenschub, Diebstahl von Laden- und Geldkassen.

Kastlinge, Ferkel.

*Katechismusschwenker, langer Gehrock.

Katerling, Uhrkette.

*Kathrinenschwenker, Frack.

katschen, abschneiden, verdecken.

*Katze, Frauenzimmer.

*katzeln, lügen.

*Katzenkopp, Schlosser.

Katzohr, Manchester.

*Katzoff, Schlächter.

kaufen, stehlen.

Kaule, krank.

Kaule gehen, verhaftet werden.

Kauli, Frau, Geliebte.

Kaut, Messer des Diebes.

°Kavaliere, die reichen vornehmen Freier der
männlichen Prostituierten.

Keibe, Geliebte, Frau.

*Keif machen, Schulden auf der Penne machen.

'Keif, schuldig.

Keile, Militärstrafabteilung.

*Keiloff, Hund.

Keim, Keimchen, Jude.

'Kalbuze, Kabbuze, gesammter ungeteilter
Raub.

Kelef, Spielkarten, Papier.

Keller, Arrest in dunkler Zelle im Erdgeschoß.

Kellerwechsel, wertlose oder gefälschte Wechsel.

Keli, Werkzeug, auch Instrumente.

kelofimmollen, beschneiden.

kelofimzinken, an Häuser oder Zäune Zeichen
machen.

Ken, ja; kenzinken, Verständigen durch Worte.

*Kenn, der Erkennungsruf der Kunden, z. B.
der Eintretende tritt an den Tisch in
der Penne, klopft mit den Knöcheln
der geballten Hand auf, um sich zu
überzeugen, daß Seinesgleichen da-
sitzen. Die klopfen ebenso auf die

Tischplatte, alle halten aus geballter
Faust den Daumen hoch und rufen
Kenn, Kunde, kenn! Kenn Mathilde.

Kennersdorfer haben, Lunte riechen.

*Kennschüß, Bäcker.

*keß, klug, sicher, verschmißt (auch köß)

*Kesse Penne, sichere, gute Gastwirtschaft.

Kesser Brenner, geriebener Gauner.

Ketel, Mond.

Keterling, Ring.

Kettenschub, Nachtdiebstahl.

Keuche, Gefängnis.

ᴅKibiß, weiblicher Geschlechtsteil.

*Kiebis, Kopf.

kiebitschen, Kiewisch, visitieren.

Kieker, Augen.

*Kiennadeln, Ungeziefer.

Kiener, Schornstein.

*Kies, Geld.

*Kiesräumer, ⎫
              ⎬ Geldbeutel.
*Kiesreiber, ⎭

Kiessow-Masematten, Silberdiebstahl.

kiewesen, hinrichten.

Kiewisch, Untersuchung, Revision.

Kilometerschwein, Infanterist.

*Kilometerstein, Branntweinflasche.

Kimmen, Kramuttchen, Läuse.

'Kinderarm, männliches Glied.

Kindersärge, Militärstiefel.

Kinderwagen, grüner Wagen.

kingen, kaufen.

Kinne, Laus.

Kinnemachler, Geizhals.

'Kijum haben, Ausrede gelten lassen.

Kippe, Beute, Teilung der Beute aus einem
Diebstahl.

uff de Kippe, oder tausend Mark uff de
Kippe, es wird zur Hälfte geteilt.

Kippe machen, teilen.

kippen, teilen.

Kipper, wer mit falschem Geld betrügt.

*Kirschenpflücker im Winter, Kunden, die
nichts gelernt haben, Arbeitsscheue.

Kiste, ¹) Hintere, ²) Haft, ³) Geldbörse.

Koß, Kiß, Sack für die Beute.

Kissmer, Säcke.

*Kitt, Geld.

*Kitte, Haus.

Kittenschieber, Diebe, die in Häusern umher-
gehen, um zu stehlen.

*Kittchen, Gefängnis.

*Kittchenboos, Gefängniswärter.

Klack, Siegellack.

Klais, Silber.

Klaismelochner, Goldschmied.

Klaismingen, Silberschmied.

*klamm sein, sich nicht rühren können, kein
Geld haben.

Klamonis, Handwerkszeug, Dietriche.

Klamotten, Hände, Geld.

*klapattern oder klepeppern, dreschen.

*Klappe, ¹) Diebeskneipe, Kaffeehalle, ²) Bett.
³) Haus.

Klapper, Mühle.

*klappern, betteln.

*Klapperschütze, Müller.

Klater, heruntergekommenes Frauenzimmer.

*klauen, stehlen; er klaut, er stiehlt.

Kleberer, Pferdedieb.

Klebis, Klevis, Pferd, Schaf.

Kleinmacher, Ladendieb.

*Kleinpurim, Nachschlüssel.

*Kleisterhengst, Buchbinder.

kleistern, verkleistern, dummmachen.

*Kleiß, Milch.

Klemme, Klemms, Gefängnis.

*klemmen, stehlen, erpressen, besonders von
männlichen Prostituierten geübt.

*Klempners Karl, Gendarm.

☓ Kletterbude, Absteigequartier für Dirnen.

☓ Kletterhanne, Dirne.

Klidi, Schloß, Schlüssel.

Klima, Gegend.

Klimm, Gefängnis.

Kling, Musikinstrument.

Klingfetzen, musizieren.

*Klingelfahrt, Einbruch, bei dem man sich
durch Klingeln überzeugt, daß niemand
in der Wohnung ist.

*Klinkenklopper, Bettler.

'Klinkenputzen, fechten.

*Klister, Gendarm.

Klitschen, schließen, aufschließen.

*Klitscher, Stempelabdruck.

Klommerkäse, falsche Ausrede.

*gewöhnlicher Klopp, Bettelei von Haus zu Haus.

Klopper, Hammer.

Kloses, Strafe.

Klub, mehrere Diebe, die zusammenhalten.

Klucke mit Küken, gestohlenes ganzes Eß=
besteck, Suppenlöffel und kleinere Löffel.

*Kluft, Kleidung, auch gestohlene Kleidung.

Kluften-Mulbel, Kleiderschrank.

*Kluftier (sprich Kluftjeh) Herrenkleiderverkäufer.

*stramm in Kluft sein, fein gekleidet sein.

Klummek, gefüllter Diebssack.

Klumpen, gestohlene Gegenstände.

Knack, Stadt Braunschweig.

*Knacke, Stulle, Butterbrot.

knacken, aufbrechen.

Knacker, Geldschrankeinbrecher.

Knacker, Brennholz, Wald.

*Knacker, Schlaf auf der Bank, dem Tisch oder blanken Fußboden.

*Knacker machen, auf blankem Fußboden, oder auf der Bank schlafen.

*Knallblech, Schaumwein.

Knallbonbon, Platzpatrone.

Knalldroschkenkutscher, Feldartilleristen.

Knallhecht, Soldat.

ᴰKnallhütte, Bordell, Dirnenquartier.

*Knallscheit, Flinte.

*Knast (Knaß), Kriminalstrafe.

Knaster, Richter.

*schwerer Knast, Zuchthausstrafe.

*Knechte, Kunden, die nichts gelernt haben, Arbeitsscheue.

Kneif, Messer.

Kneifer, kleine scharfe Zange, mit der Uhrketten usw. abgekniffen werden.

kneisten, etwas erblicken.

Kneister, Rekognoszent.

Kneißen, wissen, verstehen.

Knief, Messer.

*Knobeln, würfeln.

*Knochentonne, Eisenbahn.

*Knödel, Bäcker.

*Knopf, Pfennig, Kreuzer.

*Knopfdalfer, Pfennigbettler.

*Knopf steigen, energisch betteln.

Knopfsuppe, Graupensuppe.

Knorden, silberne Spangen.

*Knupper, Flasche.

Knuspert, Scharfrichterknecht.

*Kober, 1) Meister, 2) zahlender Liebhaber.

ᴛKoberin, Kupplerin.

ᴛfetter Kober, reicher Liebhaber.

ᴛnasser Kober (Nassauer), wer das Mädchen
	prellt oder wenig bezahlt.

Kobera, Wirtshaus.

*Koberer, Wirt.

ᴛkobern, prostituieren, kuppeln; ankobern, Freier
	anlocken.

kochem, eingeweiht, klug, gescheit.

Kochim, Dieb, Gauner.

kochen, abkochen, das Erpressen durch männ-
	liche Prostituierte.

jemand kochen, jemand im Kartenspiel das
	Geld abnehmen.

84

Kodel, schwerer Diebstahl.

koden, klein.

Kodesch, Päderast.

Kof (Kuf), Köln oder Karlsruhe.

Kofler, Schinder.

koffscher, ledig, entlassen.

Koffcheß, Raub, Überfall.

Koffchke, Erlaubnis.

Kohel, Gaunerversammlung.

*Kohl, Schwindel. Er kohlt, schwindelt. Er reißt riesigen Kohl, schwindelt sehr stark.

*verkohlen, beschwindeln.

*Kohl machen, -reißen, aufs Kohl, verkohlen, anlügen vorschwindeln.

*Kohlbruder, Schwindler.

*Kohldampf, Hunger.

*kohldampfschieben, hungern.

'Kohl pflanzen, einen Schwindel machen.

Kohle, Teufel.

Kohlen haben, kein Geld haben.

*Kohlhase, Gärtner.

*Kohlmarkt, kein Geld haben.

Kohlrübe, Kopf.

Kohlschaft, günstige Zeit für Diebstahl.

Kokum-loschen, Gaunersprache.

Kolben, Nase.

*Kolerig, hungrig.

*Koller, Reisegefährte.

*Kommandoschieber, einer, der längere Zeit
in einer Penne bleibt und von dieser
aus die Umgegend abklopft.

'Kommandobrüder sind Kunden, die von
einer duften Penne aus die Umgegend
abfechten.

*Kommerziant, gewerbsmäßiger Spieler,
Kommerz machen.

*Kommerzienrath, Schneider.

Kommistarchener, alter Gauner.

*Komore, Spielkarte.

*Konnex, Kollege, Arbeitsbruder, Wander=
bruder.

Konas, bestrafen.

Konchowin, die Sterne.

Konchändler, Konnepper, Betrüger, der
mit unechten Steinen handelt und sie
für echte verkauft.

Königen, kaufen.

Kooch, Brechwerkzeug.

*Kopfkissen, Flasche vor dem Schlafengehen
mit Schnaps angefüllt.

*Kopfschale, Hut.

*Kopfschuster, Hutmacher.

*Koppverkeilen, zureden, dumm machen.

Korah, Diebesführer.

Kordel, Kessel.

*Kornhase, obdachloser Vagabund.

*Korporal, Bock (oder Hahn).

Kosak, Betrüger, Falschspieler.

koscher, unverdächtig, treu, zuverlässig.

sich koschern, sich verräterischer Gegenstände
    entledigen.

Kosem, wahrsagen.

*Kostgänger, Kleiderläuse.

*Kotlerche, Maurer.

Koß, Prahler.

*Kooße, reicher Freier.

Koßen, gestehen.

*Krabberkautscher, Most.

*Krach, Spektakel.

*Kracheisen, Revolver.

*krachen gehen, arretiert werden.

*Kracher, Wald, Brennholz.

*Kracherbeißer, Beil.

*Kracherlinge, Nüsse.

*Krachpflanzer, Krawallmacher.

Kracher, Koffer, gewöhnlich der hinten auf
    den Wagen geschnallte.

Kracherfahrer, Fracht- und Reisewagendieb.

Kracherfahrt, Diebstahl an Fracht= und Reise-
        wagen.
Kralldorn, Widerwärtigkeit.
·Krampfbruder, Gauner.
Krampftour, Erpresserfahrt der männlichen
        Prostituierten.
krank, verhaftet.
*Kraut, Haar.
·Kratzfuß, Huhn.
·Kratzholz, Kratzer, Rasiermesser.
kraut bicken, durchgehen.
Kraut fressen,
krauten   } flüchten.
*Krauter, Meister.
*den Krauter ledern, nach Arbeit umschauen,
        die Meister anbetteln.
*Krautgarten, Schwabenkreis.
*Krautgärtner, Kunde, der in Schwaben walzt.
Krawattenmacher, Wucherer.
Kraz, Kloster.
*Krazling, Dornstrauch.
*Krebs, Seiler, weil er rückwärtsgehend
        arbeitet.
kremben, Gewalt anwenden beim Rauben und
        Einbrechen.
*Kreuzband, Weste.

88

Kreuzleine, Gassenecke.

*Kreuzlink, ganz im Bruch, dumm.

Kreuzritter, Polizeimann.

*Kreuzspanne, Weste.

'Kriegskasse, Höcker, Buckel.

*Krimm, Landgericht (Abkürzung von Kriminal).

*Krokodilfleisch, Rindfleisch.

*Krone, Wirtsfrau, Frau.

Kröne, Hochzeit.

Kronigel, Schwein.

Kröte, Sarg.

*Kröten, Geld.

*Krötenspießer, Ulanen.

kröpfen, stehlen.

*Krummholz, Wagner, Stellmacher.

Krumm-Kläppchen, Schreibpult.

*Krummkopf, Elle, Lude, langes Brecheisen
       mit umgebogener Spitze.

Ksuwe, gefährlicher Beruf.

'kuffen, bei Nacht in verschlossenen Räumen
       stehlen.

*das Kühle, Kriminalpolizei.

Kuberer, Sitten-Polizei-Kommissar.

*Kukuk, Konsul.

Kuf, Stadt Kassel.

kuffen, nächtlicher Hausdiebstahl.

Kuhhorn, der Badenser.

*Krüppelschütz, armer Meister.
Kühle, Gefängnis.
*Kuhle, Brot, (Tagesration der Gefängnisse).
*Kuhstallfähnrich, Stallmagd.
Kuli, Schreibergehilfe.
*Kümmel, Pulver.
*Kümmelblättchen, Falschspiel mit drei Karten.
*Kumpan, Kumpel, Genosse.
Kunaken, Glücksspiel.
*Kunde, Reisender, Handwerksbursche.
*Kundenfahrt, Reise eines Kunden.
*Kundenfänger, Geheimpolizist, auch einem
    anderen das Geld wegnehmen.
*Kundenquetsche, Fabriken und Betriebe, die
    in so schlechtem Ruf stehen, daß sie
    nur noch Kunden als Arbeiter bekommen
    können.
*Kundenschall, Kundensprache.
*Kundenschnalle, Suppe.
*Kundenschaft, Landstreichertum.
*kündigen, kaufen.
*Die Kunst, Arbeit.
*Kunst kriegen, Arbeit bekommen.
*künstlicher Dünger, Brotsuppe, Essen, Rumfutsch.
kuschog, dunkel.
Kusive-mulje, Brieftasche.

*Kupfer, Heu.
*Kupfermuck, Heuhütte.
*Kupferknabe, Kupferschmied.
*Kuphe, Schlüssel, Geldschrank.
*Kuphe handeln, Geldschrank berauben.
*Kupferschmied, der Kupferbrand des Kopfens,
        wenn der Kopfen rot wird.
*Kuppe, Büchse, Kasten.
*Küchendragoner, Köchin, Küchenmagd.
*Kürbis, Kopf.
Kutsche, Bindfaden, oft auch zusammengeknüpfte
        Strohhalme, um Kassiber zuzustecken.
*Kutscher, Bier.
*Kuttengeier, Geistlicher.

L

Labardie, Getränke.
*Labstock, Löffel.
*Lachenpatscher, Ente.
*Lacktöppe, Zylinderhüte.
*Laden stoßen, nur in Läden betteln.
laff sein, mutig, dreist.
*die Lage spannen, genau beobachten.
Laitsch, Kupfergeld.
*Lakenpatscher, Infanterist.

*Laller, Zunge.

*Lamm, Hemd.

*Lampe, Mond.

Lampen, Späher, Vigilanten, sowie jegliche
  Störung beim Einbruch; stiller Lampen,
  zufällige Störung, voller Lampen,
  laute Störung.

Lampen bekommen, rechtzeitig von einer
  Störung erfahren.

lampenfrei, sicher vor Störung.

*Lampen machen, -reißen, verraten.

haushohe Lampen haben, von der Polizei
  gesucht werden.

*Lampenschieber, flotte Kunden, die am Abend
  unter dem Vorgeben, sie hätten kein
  Schlafgeld, Geld erbetteln.

*Landdragoner, Gendarm.

Landläufer, Wagen.

DLandluft genießen, sich schminken, um frisch,
  blühend auszusehen.

*Landstraßen messen, wandern.

*Landstreicher, Hut.

*Langhälse, grüne Bohnen.

*Längling, Wurst (auch Seil, Strick).

Langlöffel, Maulesel.

Langmichel, Säbel, Seitengewehr.

*Langohr, Hase.

*großes Langohr, Esel.

*Lang- oder Latschuß, Esel.

*Langschäfter, Schaftstiefel.

*Langschnabel, Storch oder Schnepfe.

*Langschwanz, Hammel.

langer Heinrich, Brecheisen.

langer Lude, Brecheisen.

*Läppchen, Weber.

*Schundläppchen, Leineweber.

*Fettläppchen, Tuchmacher.

*Läppchen, Kunden ohne Profession, auch Weber.

*blauer Lappen, Hundertmarkschein.

*Lappentunker, Lappentitscher, Zeugfärber.

Larve, Gesicht.

Laterne (Lampe), Polizei, Polizist.

reitende Laternenanzünder, Ulanen.

latschen, lässiges gehen, er latscht, schlagen,
      ick latsche dir eene.

Latschenen, Hebebaum zum Einbrechen.

Latte, Gewehr.

*Lattenseppel, Gendarm.

Lattgener, Diebe.

lattschenen, stehlen.

Lättschener, Diebe.

*Laubfrosch, Jäger, Förster, Feldhüter.

laue Flebbe, falscher Paß.

lauer Emmes, falsches Geständnis.

D Laufbursche, Tripper.

D Laufer, Tripper.

*Laufmann, Kaufmann.

Laune, Galle.

*Launiger, Soldat.

Laura, Dirne.

Lauri, Ketten.

*Läuse in den Magen kriegen, Not und
Elend leiden.

*Lauseharke, Kamm.

*Lausmarkt, Kopf.

*Lauseallee, Scheitel.

*Laushütte, Gefangnenhaus.

*Lausbiß, Widerspenstigkeit.

law, nichtig, nicht möglich.

Lawen fures, falsches Geständnis.

Lawone, Mond.

Leck, Zuchthaus, Gefängnis.

*Lecker, Zunge.

*auf englisch Leder gehen, Barfuß gehen.

*Weißes (schwarzes) Lederzeug, Gendarm.

Leff, Mut, Herz.

*Legum, Lechum, Lehm, Brot.

*Legumschieber, Lehmer, Lehmschütz, Bäcker.

*Lehmgeiger, Bettelmusikant.

*Lehmschober, Backofen.

*Lehm und Stroh, Erbsen mit Sauerkraut.

ᴅLehnepump, die von Kuppelmüttern an Dirnen verliehenen Kleidungsstücke.

Lehrbrief, Urteil.

*Leiche, Käse.

*Leichenbrühe, Sahne.

*Leichenfledderer, Berauber schlafender Personen.

*Leichenwagenbremser, Kunde ohne Profession, Arbeitsscheue.

*Leinwandschneider, Kaufmann, Tuchhändler.

Leile, Nacht.

Leilegänger, Nachtdieb.

Leileschien, Nachtwächter.

*leimen, lügen.

*Leimrat, Schreiner.

Leine, Nacht, Weg, Gang, Strich.

ᴅLeine ziehen, auf den Strich gehen.

Lekiches geaussemet, Diebstahl verüben.

lematto, betrunken.

Lenattoschieber, Kellerdieb.

Leno, Kuppler.

Lenz, Aufseher.

Ler, Hund.

Leß, Ketten.

Lerfamen, Kerker.

Leuchtkäfer, Husar.

*Leuchtkugel, Quart Schnaps.

*Leute ärgern, betteln.

halbe Levone, halber Mond.

halbe L. machen, ein Schloß ausbohren.

lewaige tun, sich herandrängen.

levieren, aufpassen.

Licht, Polizei.

Lieche, heimlicher Weg.

*Lile, das, Wandergewerbeschein.

*link, falsch, schlecht, verdächtig, nachgeahmt.

*jemand link machen, bestehlen und mittellos
          sitzen lassen, passiert häufig den so-
          genannten Äffchen.

*Linkmichel, schlechter Kamerad, auch Neuling,
          Äffchen.

*Linksanwalt, Rechtsanwalt.

*die Staude links machen, das Hemd umkehren.

Linsen dreschen, horchen.

Linzer, Auge.

linzen, sehen, schauen.

*Lippsches Gewerbe, Vagabundierbeutel.

*Lobi, Geld (auch Schucker).

*Loch, Gefängnis.

*lohbach, nichts.

*Loofkeule, Laufbursche.

*Lopez, Gauner, Landstreicher.

Lorch, Kirchhof.

*Lorchen, Kaffeebrödchen.

98

*Lorum, Unzuchtsgewerbe.

*Lorumhenne, Freudenmädchen.

loschen, sprechen.

gleißige Loschke, silberner Löffel.

*loses Pulver, Kleingeld.

*lossteigen, auf die Bettelei gehen.

*losturmen, große Strecken schnell zurücklegen.

*loszittern, gehen, reisen, wandern.

*Lot, Ordnung. Die Sache ist im Lot!

* Lötkolben, Nase.

Lotsch, Kupfergeld.

*Lötwasser, Schnaps.

ᴅLouis, Zuhälter — meist die bessere Sorte.
Siehe: Lude.

*Löwe, Jähzorn.

Lowenneschurich, Leinenzeug.

Luball, Verräter.

Lubno, Dirne.

Lude, Ludewig, Zuhälter. Abkürzung von Ludewig, was dasselbe bedeutet. Kommt wahrscheinlich von der Verachtung des
Sittenlebens der letzten französischen
Könige her und wird nur für die
niedrige Sorte der Zuhälter, besonders
in der Abkürzung gebraucht.

Lude, Brechstange.

*Luft, Freiheit.

Luft, Kümmel.

*Luftklöße und Windsuppe schnappen,
Hunger leiden.

*Luftkonditor, Ziegler.

*Luft- und Dichtmacher, Kunden ohne Pro=
fession. Arbeitsscheue.

*Luftschiffbremser, Kunden ohne Profession,
Arbeitsscheue.

Lulin, Diwan.

Lulke, Tabakspfeife.

lulken, Tabak rauchen.

lummern, lummeln, täuschen.

*Lumpen, Kleider.

lunen, übernachten.

*Luppchenpflanzer, Luppchen, Uhrmacher.

*Luppe, Lupper, Luppett, Uhr.

Fuchsluppe, goldne Uhr.

Lupperschlange, Uhrkette.

Luske, Tabakspfeife.

lustige Sieben, }
lose Elf   } Würfelglücksspiel.

Lutscher, Zucker.

M

*Mach's gut, Kundengruß beim Abschied.
machen, stehlen, betrügen, etwas zusammenbetteln.

machulle, fertig, krank, bankrott.

Machulke, Staatsgefangener.

machulke gegangen, eingesperrt.

mackeln, verprügeln.

Mackes, Hiebe.

Magschaye, Hexe.

*Mahro, Brot.

Mai, Seite; linker Mai, linke Seite.

Maijim, Hafen.

Makao, verbotenes Kartenspiel.

makkenen, stehlen.

Makkener, gewaltsamer Dieb.

Makkes, Schläge.

Makko, Schlag.

Mal, Genosse.

Malbisch, Kleidung.

*Malches, Reich, Land.

Malni, Herberge.

*Malör, Maler.

maluchen (melochnen), machen.

Maluchner (Melochner) Macher.

*Malvasier, Maurer, da sie sich bei der Arbeit
    viel Zeit lassen und der teure Mal-
    vasier nach Kundensage aus ihren
    Schweißtropfen destilliert wird.

*gebrannte Mandeln, schlechtes Pflaster.

Manichäer, Gläubiger.

Mansch machen, Trinkgelder einsammeln in
    Schaubuden.

*Manschetten, Handschellen.

*Manschetten haben, Furcht haben.

*Mangel an Überfluß, ohne Geld sein.

*mangen, mangt, betteln.

*Manger, Bettler.

*Mann, kleiner Mann, Hundertguldennote.

*halber Mann, Fünfzigguldennote.

*Männer, Männchen, Taler.

Mantel, Dach.

Marchizer, Wäsche-Taschendieb.

*Maremokum, falsches Alibi, falsch schwören.

Margediser, Falschmünzer, Falschgeldwechsler.

Margoleaus, Perlen.

*Maria zu lieben, Brotsuppe.

*Marschierer, Kleiderläuse.

Marschierpulver, Arznei, Gift.

Maschke, Pfandstück.

*Maschores, Anstaltsaufseher.

masel-toof, Gut Glück.

*Massematten, tagschenes Geschäft. Gewalt-
    samer Diebstahl.

einen Massematten stehen haben, einen gewalt-
    samen Diebstahl in Aussicht haben.

Masser, Verräter, Lump.

massern, vermassern, verraten.

masummes, Unsinn.

*Maß, Fleisch.

*Mathilde, Erkennungsruf, Kundenschicke.

mattingippisch, Streifzug der Diebe.

Matzeponum, blatternarbiges Gesicht.

mau, faul, bedenklich.

Mauermacher, Drängler beim Taschendiebstahl

Maulwürfe, Pioniere.

Maure, Furcht.

Mauschel, Jude.

Mauscheln, verbotenes Kartenspiel, betrügen.

mausen, stehlen.

Mauser, Dieb.

mechant, schlecht, boshaft.

*Meckes, Ziege.

*Medinne, das Land.

*Medinnegeher, Diebe, die auf dem Land
	stehlen, auch Hausierer.

*Medinnespecht, Gendarm.

*Mechire, Haustrafe.

Mehlsäcke, Kürassiere.

Mehlwürmer, Proviantbeamte.

*Meierei, Busen.

Meister Hämmerlein, Scharfrichter.

*meistern, binden.

*Melkerin, Dirne, die den Mann während des
Beischlafs bestiehlt.

Meloche Bays, Zuchthaus.

melochen, machen.

melochnen, machen, stehlen.

Melommer, Lehrer.

Mem, München.

memissen, töten.

menkeln, essen.

Menolemer, Schuhe.

Menolim-melochner, Schuhmacher.

Mepper, Bahnhofs-, auch Kollidieb.

Mergezer, Wäschedieb.

Mergotz, Wäsche.

Mergotz krodeln, Waschkessel.

*Merrine, Landstrich, auch Wanderschaft.

Merilmaster, Mörder.

Meschores, Knecht, Diener.

*meschugge, betrunken, verrückt.

Mesime, Meschinne, Geld.

Mesinumpflanzer, Banknotenfälscher.

mesnoken, gefährlich.

Mesummecheder, Kassengewölbe.

Mesumme, Geld.

Mesummekies, Geldbeutel.

Mesuse, liederliches Weibsbild.

*messen, die Landstraße messen, wandern.

Meß, Tod.

*Meter, Mark (Geldstück).

*Metier, Handwerk, Geschäft.

Metze, Prostituierte.

Michel, Säge, Henkerbeil.

*mieß, falsch, schlecht.

*Miete, Geld, schwere Miete, viel Geld.

*Miete ziehen, betteln.

Miltes, Bett.

*Minette, Geschlechtsverkehr Cunnilingus, be=
sonders suchen ältere Dirnen sich Ver=
dienst, indem sie sich für solchen Verkehr
anpreisen.

Minnige, Geld.

Mirno, Betrug.

*mis, elend, schlecht.

Mißnick, unerfahren.

*Mischpet, Untersuchung.

Mischpoke (Muschpoke), Familie, Diebsgesell=
schaft.

*Mistkratzer, Huhn.

*Mitesser, Kleiderläuse.

*Mochum, Ortschaft, Stadt, Strafanstalt Moabit.

Mohr, Furcht.

Mohrflebbe, Steckbrief.

Mohrrübe, Polizist.

*Molle, Tasche.

*Mockel, kleiner Meister.

Mokum Baddik, Köln a.'Rhein.

*Molum, Rausch.

Mokum Beiß, Berlin.

Mokum Dollet, Dresden.

Mokum Hey, Hannover,

grandig (oder godel) Mokum Hey, Hamburg.

Mokum Jelk, Bremen.

Mokum Ras, Küstrin.

Mokum Ruf, Kassel.

Mokum Lamet (Lommer) Leipzig.

Mokum Pey, Frankfurt a. M.

Mokum Rensch, Regensburg.

Mokum Schin, Stuttgart (auch Spandau).

Mokum Gaddik, Celle.

Molje,
Molle } Tasche.

mollen, verkleinern, beschneiden.

molochen, das scheinbare Verjüngen der Pferde
durch Bearbeiten der Zähne.

*Monarchen, Pennbrüder, Ziegelstreicher;
Kunden, die in Mecklenburg sich halten,
die Saisonarbeit machen, bei der Ernte,
am Kanal; stumme Monarchen,
Goldgeld.

Mondschein, leer, ledig, nicht.

!Mond putzen, Licht anstecken.

!Mondputzer, Diebeslaterne.

*monisch, katholisch.

das Monnee, Moneten, Geld.

*Moos, Geld, Moos holen, betteln.

!Mooskuppe, Geldschrank.

!Mops, Geld.

*mopsen, stehlen.

moremme, betrügen.

!Mores lehren, Anstand lehren.

*Morgenstern, Gefängnis.

!Mosche, junges Mädchen.

!Moschel, Polizeidirektor.

mosern, (über Verbrechersachen) sprechen,
        kaspern.

⚢!Möse, Scheide, Dirne.

!Mottof, Keller.

!Muck, Weib.

*mucken, betteln.

*Muckmann, Bettelmann.

!Muddelei, Karten spielen.

muddeln, Karten mischen.

muddeln, Karten spielen.

!Muff bekommen, Verdacht bekommen.

muffen, riechen, schmecken, küssen.

!Muffer, Nase.

*Mühlkracher, Art.

*Mühlsteinschleifer, Kunde ohne Profession.

Mulde ⎫
Mulje ⎭ Tasche.

*Müllerflöhe, Läuse.

°die ganze Muse haben, syphilitisch sein.

°Muß, Musch, Muschel, Maus, Frau, Dirne,
     weiblicher Geschlechtsteil.

*Mußspritze, Regenschirm.

°Mutter, die Wirtin der Prostituierten.

*bei Mutter Grün schlafen, im Freien schlafen.

Muttera, Urin.

*Muttersöhnchen, Äffchen, junger zager Hand-
     werksbursche.

Mugnäses, Mütze.

Mynherr, Spitznamen für Holländer.

N

Naches, Freude.

*nachbienen, die Kleider wegen Ungeziefer
     nachsehen.

nachgevelt, verfolgt werden.

*Nachjagd, Verfolgung.

Nachoschim, Geldrollen.

*nachschimmeln, verfolgen.

*nachspannen, die Kleider wegen Ungeziefer
     nachsehen.

Nachteule, Nachtwächter.

Nachtfuhre, nächtliche Beiseiteschaffung des
    Erbeuteten.

Nachttopfschwenker, Lazaretgehilfen.

Näck, Nummer der Zelle.

*Nadeln, Läuse.

Nafke, Dirne.

naffenen, Unzucht treiben.

*Nagel, Arbeitsschein, Tabakspfeife.

Nägel machen, groß tun.

Narisch, Tuch.

*Nasenquetsche, die Särge der Armendirektion.
    Der Volksmund will so die Sparsamkeit
    der Verwaltung kritisieren; ist doch das
    Volk der Meinung, die Armensärge
    würden, um Holz zu sparen, so enge
    gebaut, daß dem Toten die Nase ein-
    gedrückt werden muß, damit der Deckel
    schließe.

naß, ohne Geld.

*Nassauer ¹) Regen, ²) Schmarotzer. Ein
    Kunde, der sich gern von andern
    erhalten läßt.

*nasser Junge, nasser Kober, jemand der
    nicht bezahlt.

*Nassid, Verhängnis.

Natschei, Trink-, auch Schweigegeld.

*Naturforscher, Lumpensammler.

*Naturstenz, Stock, im Walde geschnitten.

navi, ich verstehe.

Nebbich, Tölpel.

Neben, Kammer.

Nekef, Spalte, Einbruchsstelle.

Nekof, Schlupfloch, Höhle.

Nemone, Religion.

*neppen, beneppen, offenkundig betrügen.

neppernischen (näschen) visitieren, untersuchen,
        besonders die Taschen der Gefangenen.

Nepper, Betrüger, die mit unechten Sachen
        handeln.

Neppes, falsche Steine.

Neppuhren, unechte Uhren.

Neres, Licht.

Nervus Plenny, Geld.

Nessine (behandeln), Kasse bestehlen.

*Nest, Ort.

*Neubauplatte, Nachtlager im Neubau.

*Neunundneunziger, Apotheker.

Neves, Mütze.

*Nichtzünftiger, Uneingeweihter.

Nickel
Nickering   } Nickelgeld.

niederlegen, Geständnis ablegen.

*Nieselbruder, ein Berliner Stadtbummler.

*ninschen, 1) Nachsuchen des Körpers oder der
    Taschen der Kunden durch die Polizei;
    2) ärztliches Visitieren der Dirnen.

Ninscher, Nuscher, Spürer.

nollen, schlagen, rütteln, einsperren.

*Nordlicht mit Morgenrot, Korn mit Kirsch
    oder Himbeer.

*Nordlicht, Nordhäuser Korn.

*Nuntius, Gerichtsdiener.

nüschen, eine Tasche untersuchen, ob was drin ist.

*Nußknacker, Ölmühle.

*Nußknacker, Steinklopfer.

*Nüsse knacken, Steine klopfen.

*Nutte, ganz junge Dirne mit noch kindlichem
    Aussehen.

*Nuttenkeller, Lokale, in denen ganz junge
    Dirnen verkehren.

O

*Oben, die Kriminalpolizei.

*nach oben gehn, nach dem Polizeipräsidium
    zur ärztlichen Untersuchung gehen.

Oberhänger, Mantel bei Mann oder Frau.

Oberkopf, Kopfbedeckung.

oberkunftig, oben.

*Obermann, Oberwandel, Hut.

Obermann vom Rosch zupfen, Wild das
    Fell abziehen.

Obermassinger, Gefangenaufseher.

Oberschauter, Gefängnisdirektor.

Oberverdachtsschöpfer, Auditeur, Staatsanwalt.

Oberzinker, Polizeidirektor.

olmusch, lebenslänglich.

*Oluff, Schnaps.

Ölung, zum Schutz gegen Ungeziefer mit Öl
    einreiben.

Öl des Lebens, Schnaps.

ᵀOnkel, ein Betrogener.

Onschener, Leute.

Ordensmann, Kriminalbeamter, der sein Er=
    kennungszeichen auf dem Rocke trägt.

Ordensmann, Kriminalbeamter mit Legitimation.

*trockner Oskar, trocknes Brot.

Ossnick, Ossene, Uhr.

*Österreicher, Gans, auch Plattfuß.

*Oeternschleim, Kaffee der aus Surrogat her=
    gestellt ist, Anstaltssuppe.

P

*Pachulke, Knecht, roher Mensch, niederer
    Gefängniswärter, Sträfling, Kalfaktor.

*Padde, Geldbeutel, Börse, Portemonnaie.

eine Padde drücken, eine Börse aus der Tasche
    stehlen.

Paddendrücker, Paddenzieher, Taschendieb.

Paddenstecher, Ulanen.

Padjen, Hand.

Päger, vergiftetes Fleisch oder Brot, das die
Diebe den Hunden vorwerfen.

*Palme, die Palme, Berliner städtisches Asyl
für Obdachlose.

*Palmer, Offizier, Soldat, Schildwache.

Palmermörder, Kanone.

Palinos, Schläge.

Palpoch, Herr.

Pallopeten, Oberbeamten.

Palum, Fensterladen.

panurgisch, durchtrieben.

Panzerheinrich, verstellbares Brecheisen.

*Pappenheimer, Schaftstiefel.

*Pappenheimer, Buchbinder.

*Paradies, Gefängnis, Arbeitshaus.

*Paragraphenmeister, Staatsanwalt, Amts-
amwalt.

Parasit, Zutreiber beim Falschspielen.

*Pariser, Filzschuhe.

Parlen (barlen), reden.

paschen, schmuggeln.

Pascher, Schmuggler.

*Paß, Löffel.

passeln, fesseln.

*paternollen, beten.

Pathe, Pfandleiher.

Patronalschnure, Rosenkranz.

ↃPauken (Pauken und Trompeten), Syphilis.

pecciert, gestohlen.

*Pech, Unglück.

*Pechhengst, Schuster.

peckane, vorhanden.

Pee, Mund.

*Peitscherlbua, Zuhälter.

Pekus, dummer Mensch.

Pella, Erkennungsmarke der Kriminalbeamten.

*Pelle, Kleidung.

*Pennbruder, verkommener, versoffener Herum-
        treiber, besonders in Städten.

*Penne, Herberge.

*Penneboos, Pennemester, Herbergswirt.

*Pennemann machen, schlafen.

*pennen, schlafen.

Peritz, Verbrecher.

Perkoch, Raub.

perkoch, mit Gewalt.

er geht perkoch, er ist ein Einbrecher.

Perkochhändler, Räuber.

*Peter'n sein Tiergarten, Großherzogtum
        Oldenburg.

Pethe, Pfandleiher.

petzen
pezetten } verraten.

peukern, paukern, pegern, peigern, sterben.

Pey, Frankfurt.

*Pfeffer, Schießpulver.

*pfeifen, verpfeifen, verraten, eingestehen.

Pfeifer, Geständiger, Verräter.

pflanzen, planten, stecken, schieben.

zuplanten, zustecken.

*Pflanzer, Schuster.

DPflastertreten, auf den Strich gehen.

*Pferdeschuster, Sattler.

Pferdetole, Vorhängeschloß.

pflügen, vor den Kirchen betteln.

*eine schlaue Pfote haben, gut schreiben können

*Pfriemer, Schuhmacher.

Pfund, ein erbeutetes Zwanzigmarkstück.

*halbes Pfund, Schnaps in viereckiger breiter
   Flasche zu ³/₈ Liter.

*¹/₂ Pfund, ein großes Glas Schnaps.

Pharao, Kartenspiel.

Philosoph, Falschspieler in sehr feinen Kreisen.

Pich, Pichte, Geld.

Pichte, Pichde-Geuder, Bankhaus.

*Pickelhaube, Gensdarm.

*picken, essen.

Pickgaider, Vorratsraum.

*Pickelfritz, Gendarm.

*Pickelhaube, Gendarm.

Pickling, Nagel.

*Pickus, das Essen, Mahlzeit.

*Pickuswinde, Haus, in dem die Armen ge-
    speist werden.

Pickpoket, Juwelendieb.

*Pilger, schwerer Junge.

*Pille, Fallsucht.

*auf Pille schnorren, betteln, wobei man an-
    gibt, man sei fallsüchtig.

ᴰPillenträgerin, Dirne, die Schwangerschaft
    simuliert.

*pilmern, rauchen.

Pilmerstab, Pfeife.

Pimmerloden, Weißbrot.

Pinkert, Stern.

Piepe, Pfeife.

Piepmatz, er hat einen Piepmatz = er ist dumm
    oder irre.

*Pinkepinke, Geld (mit der Gebärde des Geld-
    zählens.

*Pipendreher, Zigarrenmacher.

*pisacken, quälen, peinigen.

Pischen, geheime Verständigung, vertuschen.

Pischenpee, Schlüsselloch.

Pischenpeb, Ausrede.

*Pißbubenlude, gewöhnlicher, niedrig stehender
        Zuhälter, männlicher Prostituierter.

plämm, vorsichtig sein.

*planten, verstecken, verbergen.

Plärre, Kaffee.

Platten, Geld.

Plattenkopf, Kahlkopf.

Plattenmelucher, -melochner, Falschmünzer.

*platt, vertraut, befreundet.

platte Leute, sichere Gauner.

Platterolle, Brieftasche.

platte Spieße, Gaunerherberge.

Plattfinne, Plattmolle, Brieftasche.

*Plattfüße, Gänse, Gänsebraten.

*Plattkorporal, Truthahn.

*Platte, Zwanzighellerstück.

Platten, erbeutetes Geld.

Platte-massel, ehrliches Spiel.

*plattmachen, eine Platte reißen, im Freien
        schlafen, sich ohne Obdach herumtreiben.

*Platte Penne, Nachtlager im Freien, Platt-
        macher.

*Plauderer, Lehrer.

Planscher, Schwätzer.

*Pleite, Flucht.

Pleitegeier, betrügerischer Bankrottmacher.

plemm, aufgepaßt.

*Plenner, bettelnder, herumziehender Musikant.

*Plempe, 1) Bier, 2) Säbel.

Plempelwäscher, Bierbrauer.

plotten, stechen.

*Plötze, Strafanstalt Plötzensee.

Pluder, Lehm.

Pludern, Hosen.

Pochen, bei Handwerksmeistern um Arbeit
    fragen und Geschenke einsammeln.

*pofen, schlafen.

Pockern, verbotenes Kartenspiel.

Pöckerer, Arzt.

pöckern, sterben.

*pöckerisch, krank.

Pöckerwinde, Krankenhaus.

*Polente, Polizei.

Poliqueesch, Polizeimann.

Polit, Deserteur.

*Polizeifinger, geschnittene Carotte.

*Pollen, Stempel.

*Pollenpflanzer, Siegelmacher.

polnische Bank, Kartenspiel.

*Polscher, Poschen, Poscher, Pfennig.

*Polyp, Polizist.

Pommer, Brot.

*Pommerling, Apfel.

116

*Pommern, Läuse mit einem schwarzen Kreuz,
      dem Sattel, auf dem Rücken.

*Ponum, Ponim, Gesicht.

Porer, Hirt.

*Portionshandlanger, Kellner.

*Portugal, Vorstadt v. Spalt.

Porum, Diebshandwerkzeug.

²Porzellanfuhre, Prostitution in einer Droschke.

Poschemine, weibliche Geschlechtsteile.

poschenen, aufschließen.

Poschengannew, Einbrecher.

*Poscherschnurrer, Pfennigbettler.

Postjochen, Postillon.

poter, frei.

poter machen, ausbrechen (aus dem Gefängnis)

poter kommen, entlassen werden.

*Potsdamer, ¹) kleineres Bündel, ²) Dummer,
      der geprellt werden soll.

*Pracher, Bettler.

*prachern, betteln.

Präda
Prädation } Raub.

prellen, erpressen.

Premier, Haupteinbrecher.

Priem, Kautabak.

Prinzerei, hohe Herrschaft. Rathaus, Ge-
      fangenenhaus.

☐Privatdozentin, bessere Dirne.

*Profit über die Achsel machen, Lumpen sammeln.

protzes, wütend.

*Prügelei, erfochtenes Essen.

Puddelche machen, schlechte Sachen mit guten
    Sachen vertauschen.

☐Puff, Bordell. Mehrzahl: Die Puffs.   Puff
    mutter, Bordellinhaberin.

puffen, übernachten.

*Pulle, Flasche.

*Pulver, Geld.

*loses Pulver, loses Geld.

*Pulverbienen, die Mädchen aus den Dresdner
    Pulverfabriken.

pumpen, borgen.

*Pumpserkitt, Armenhaus; wahrscheinlich aus
    Kittchen, Gefängnis und Pumpen,
    leihen entstanden.

*Puparsch, dunkles leichtes Bier weil es
    Blähungen auslöst).

☐Pupe, Homosexueller.

☐Pupenjunge, männlicher Prostituierter.

*Püppchenwickler, Zigarrenmacher.

*puppen, sich neu einkleiden.

Purim, zum Nachschlüsseldiebstahl gehörende
    Instrumente.

Purimpflanzer, Nachschlüsselschmied.

*Purscher, Pfennig.

*Putz, Putzemann, ¹) Polizist, Schutzmann, ²) Ausrede, Ausflucht.

*auf Putz arbeiten, scheinbar arbeiten, um die Polizei zu täuschen.

Daher: Putzarbeit.

*putzen, saufen.

auf einen putzen, einen andern vorschieben.

*Putzerei, Polizei.

*Putzkrone, Polizistenfrau.

*Putzmeister, Bekannter, der falsche Arbeit bescheinigt.

Putzscheere, Instrument zum Türausheben.

Q.

quabbelig, fett, dick.

*Quadratlatschen, ¹) Weißkohl, ²) große Stiefel.

*Quaker, Frosch.

*Qualm, Geld.

Qualmbrösel, Tabakspfeife.

*quasseln, schwätzen, anreden.

Quatsch, dummes Gerede.

Quatschkopf, Schimpfwort.

*Quecksilber, Wasser.

Quetsch, Polizeimann.

*Quetschmaschine, Ziehharmonika.

*Quien, Hund.

*quienen, hetzen.

Quinkuffer, Abdeckerknechte.

Quinte, Diebstahl.

quinten, stehlen.

Quinze, Kartenspiel.

R

*Rabattentreter, große Schuhe mit Löchern.

rabatzen, liegen, lauern, begatten.

Rabe, junger Gauner.

kesser Rabe, frecher Junge.

racheideln, den Beischlaf ausüben.

*Rachenputzer, Schnaps.

Racklo, Zigeunerknecht.

*Rad, Taler.

*Rädchen, Taler.

*Radau, Lärm, Geschrei.

*Radau blasen, Lärm machen.

Radler, Fuhrmann.

rageln, auskundschaften.

Raiche, Hirt.

Ramsch, gut geglückter Diebstahl, Haufen Beute.

ramschen (beramschen), betrügen.

Ramscher, Betrüger.

Ramschkene, Hehler.

*Die Rande, Bündel (besonders von Schmieden
        gebraucht).

*raspeln, schnarchen.

ratschen, spielen.

Rätsel, eiserner Geldschrank.

Rattegänger, Dieb.

verratzt, verloren.

*Ratzjagd, Razzia.

Raubritter, spanischer Schatzgräber, Hoch-
        stapler, die an Personen fremder Länder
        die Bitte um Unterstützung zur Hebung
        eines verborgenen Schatzes richten, von
        dem sie dann einen großen Teil ab-
        treten wollen. Die Schätze werden
        nie gefunden.

*Rauch schnappen, nichts erwischen.

Raue, Hirt.

Rauf, Arzt.

Rauscher, Schießkugel.

*Rauscher, Stroh. Im Rauscher pennen, auf
        Stroh schlafen.

*Rebbach, Raub.

Rebbes, Gewinn.

*Rebeller, Krieg.

Reckel, Bein, Fuß.

*Regenwurm, Wurst.

*Regenwürmer, Nudeln.

Regimentsschlossen mit Leder, Graupen mit
        Rindfleisch.

Regierung, Strick.

*Regierungsrat, Schneider.

regieren, binden.

Reibach machen, eingesammeltes Geld unter
	schlagen; großer Verdienst.

*mit einem Fuß auf deutschem Reichsboden
	gehn, durchgelaufene Stiefel haben.

*ein Reichsdeutscher, ein Pfennig.

*Deutscher Reichskäfer, Laus.

reißen, bekommen Strafe); runterreißen: absitzen.

reiten, einen Ritt machen, auf Ritt gehen,
	Ausführen von Ladendiebstählen durch
	Frauen, die die gestohlene Ware
	zwischen die Schenkel klemmen und so
	gehen, ohne daß man an ihnen Auf
	fälliges bemerkt.

Rekrutenball, Parademarsch.

*Religion, Handwerk, Diebsspezialität.

Relling, Erbse.

Rems, Ränischen, Landes- oder Stadtverweis.

Repptauweiche, Rebmosche, ein spitzes Eisen,
	das wie ein Spazierstock aussieht, aber
	zum Aufbrechen von Schränken und
	als Waffe gebraucht wird.

*Retterei, Hund.

Reziche, Mordbrenner.

*Riecher (Muffer, Schmecker, Schnupfer)
	Nase.

*Riechling oder Schmeizling, Nase.

*Kierbein, häßliche gemeine Dirne.

Kiesenburg, Stadtvoigtei.

riewitzer Gauner, Hochstapler.

*Kinde, Wäsche, Kleider.

ringeln, tanzen.

*Ringler, Wurst.

Ringling, Garten.

Rinnstechen, Kartenspiel.

Rippart, Fell, Haut.

*Rittmeister, 12 Wachtmeister, 12 große Glas
        Schnaps.

*Ritter von der Landstraße, Landstreicher.

Rittlinge, Erbsen.

Ritt machen, von Angestellten gestohlene Ware
        verschwinden lassen.

Roges, Zorn.

Roggel, Gewalteinbruch.

rosen, sagen.

roinen, sehen.

*Rolle, Mühle.

*Rollespieß, Mühle.

*Roller, ¹) Windmüller, ²) Entlassungsschein mit
        Zwangspaß.

Rollerttrappert, Schinderpferd.

Roof, Hunger.

roofig, hungrig.

Rosch, Kopf.

*Rosenkranz, Kette, Schellen.

*Rosenkranz beten, an der Kette liegen.

*roßfußen, umwühlen.

ᵀ roter Fritz, Schminke.

rote Sauce, Blut.

roter Strang, Uhrkette.

roter Zimmt, Goldsachen.

Rotfuchs, Goldstück.

*Rotkehlchen, Soldat.

*Rothosen, Kirschen.

*Rötling, Blut, Erdbeere, Zwetsche.

*Rotmaul, welsches Huhn.

*Rotzhobel, Mundharmonika.

*im Rotz sein, in Kleidung herabgekommen sein.

Rotz am Ärmel, Schimpfwort.

rotzen, davonlaufen.

Rowitsch, Arbeit.

Rowitsch, ehrliche Arbeit.

Rozeach, Mörder.

*Rübe, Kopf.

*Rübenbauer, Rübenschneider, Scharfrichter.

Ruch, Bauer, Wind.

ruchen, rackern.

rücken, ohne zu bezahlen ausziehen.

Rückkompanie, Männer, die beim heimlichen
              Ausziehen helfen.

rudeln, fahren.

*Rudler, Karren, Wagen, Fahrer.

rühren, würfeln.

*Rührer, männliches Glied.

*Rulchen, Reiseroute.

*Rulchen machen, eine vorgeschriebene Reise-
      route machen müssen.

*Rummeline, das Arbeitshaus in Rummelsburg.

*Rumtreiber, Böttcher, weil er beim Auftreiben
      der Reifen ums Faß geht.

*Rundling, Kugel.

*Rundlinge, Kartoffeln.

*Rundchen, Kartoffel.

Rup, Silber.

rupfen, jemand sein Geld abnehmen, erpressen;
      die Rupfer, Erpresser, die Homosexuelle
      ausbeuten.

Rürlinge, Würfel.

*Rußling, Kessel, Küche.

*Rüsselschaber, Barbier.

*Rutel, Reiseroute.

*Rutsch, Eisenbahn.

rutschen, bekennen, gestehen, fahren.

*Rutscher, Eisenbahnarbeiter.

*Rutschpich, Reisegeld.

Sa, Tür.

sacheren, stehlen.

sackernen, werfen.

*in den Sack hauen, die Arbeit niederlegen.

*Sackratten, Filzläuse.

*Saffiangast, vornehm tuender Bettler.

*Saft, Schnaps.

*sägen, schnarchen.

Salat machen, falsches Kartenmischen.

Salatmacher, Falschmischer.

Salz, Schrot.

Salz und Pfeffer, Pulver und Blei.

*Sammtkopf, ein aus dem Arbeitshaus oder
        der Strafanstalt Entlassener, wegen
        seines kurz geschorenen Haares.

samsen, niederschlagen.

*Sand, Läuse.

Sandhase, Sandlatscher, Infanterist.

*sandig sein, Läuse haben, etwas vom Er-
        beuteten abgeben.

*Sänftchen⎫
*Sänftling⎬ Bett.

Sänge, Schläge.

*Sängerhalle, Hals, Kehle.

*jemanden einen Sanktus aufgießen, Schnaps
        einschenken.

sarchen, stinken, rauchen.

Sarcher, Pfeife.

Sarcherstock, Pfeife.

sarfenen, brandstiften.

Sarfener, Brandstifter.

sassern, auskundschaften.

*Sauerbrunn, Rabenstein.

*Sauerhase, Zwiebel.

*Säuerling, Kirsche, Essig, schlechter Wein.

den Säugling gefüttert, die Gelegenheit zum
Stehlen ausgekundschaftet.

Schab, Schweigegeld, Anteil.

Schabber, Stemmeisen.

schabbern, mit Stemmeisen einbrechen.

*schaben, betteln.

*Schaber, Barbier.

*Schaberei, Rasierkabinet.

Schabau, Schnaps.

schachern, handeln.

Schacherer, Jude.

Schachmer, Jude.

*schachteln, essen.

schächten, schneiden.

Schäcker, Lüge.

Schadchente, Kupplerin.

Schadchonim, Schadchen, Heiratsvermittler.

Schadchomis, Kupplergeld.

Schadkon, Kupfer.

*schaffen, arbeiten.

*Schale, Kleidung, Kluft.

Schaler, Bürgermeister, Schultheiß.

Schalef, Anfänger im Gaunertum.

Schalf, Anfängertum im Diebstahl.

*Schall, Lied.

*Schallerbruder, ein sich durch Singen er-
 haltender Kunde.

*Schallerflebbe, Gesangbuch.

*Schallerkasten, Schule.

*schallern, singen.

*Schallers-Karl, Lehrer

*Schallerer, Lehrer.

*Schallerwinde, Schulhaus.

*schanzen, essen.

*Schanzzeug, Eßbesteck.

Scharcheles, Kette, Fessel.

Scharermeister, Geizhals.

schärfen, gestohlenes kaufen.

Schärfer, Schärfenspieler, Hehler.

Scharfhandel, Raub.

scharfhandeln, rauben.

Scharm, Kopf.

Scharudel, Krankenhaus.

*schaskern, trinken, beschaskert sein, einen
 Rausch haben.

Schaß, Türschloß.

*Schatulienbrühe, Kaffee.

*Schaumritter, Barbier.

Schaute, Narr.

Schautenzinker, Ladendieb.

Schazmaz, Faktotum einer Gaunerbande.

*Scheefs, männlicher Begleiter einer Schickse.

Scheere machen, Kunstgriff beim Taschen=
diebstahl mit zwei gespreizten Fingern.

Scheerenschleifer, Taschendieb.

scheften, im Gefängnis sitzen.

*Scheibe, Teller.

*Scheibenkleister, Mehlsuppe.

Scheichert, Bier.

*Scheidling, Glas, Fenster.

*Schein, Tag.

Scheinhandel, Diebstahl bei Tag.

Scheinlattchener, Tagdiebe.

*Scheinlinge, Augen.

Scheinlingszwack, Grimasse der zünftigen
Gauner, woran sich dieselben erkennen.

Scheinsewacher ⎫
Scheinspringer   ⎭ Tagdiebe.

Scheleck, Schnee.

*Schem, Name. Besonders gebräuchlich:
Linker Schem, falscher Name.

Schemen, Verbrechername.

schemmen, absitzen (im Gefängnis).

*schenigeln, scheften, arbeiten.

*Schenigelei, Schinnagel, die Arbeit.

*aufs Rub schenigeln, arbeiten (aber nicht in
    seinem Beruf).

*Schenigelswinde, Arbeitshaus.

*Scherblingshengst, Glaser.

Scherjes, Liebster.

schewellen, fortgehen, flüchten.

Schibbe, Trauer.

*schicker, betrunken.

schickern, trinken.

beschickern, betrinken.

*Schickse, Frauenzimmer auf der Wanderschaft

Schickfel, erwachsenes Mädchen.

*Schickfenpenne, von Frauenzimmern besuchte
    Herberge; ^D Dirnenkaschemme.

*Schickfenbauer, Kunde, der mit einer Schickse
    reist.

Schickureß, die Trunkenheit.

Schiddach, Heirat.

Schieber, Zuführer der Falschspieler.

^DSchieber, männliches Glied.

*Schieberling, Kuchen.

*Schiebung, Unternehmen; z. B. Dufte
    Schiebung, klug ausgedachte und klug
    ausgeführte Bettelfahrt.

*linke Schiebung, faule Ausrede.

*schieben, ins Arbeitshaus müssen.

schiebes schalchenen, davongehen.

*Schien (Schin), Gerichts- oder Polizeibeamter.

*Schienum, Gendarm.

Schierich, Pack voll gestohlener Sachen.

*Schieß, Gensdarm.

*Schießbaumwolle, Sauerkraut.

Dschießen, geschlechtlich verkehren.

Schießloch, Schlüsselloch.

Schiffke, ältere Frau.

Schild, Mauer, Tür.

Schildeinlegen, Mauer oder Tür durchbrechen

schimes, auspeitschen.

Schimmel, Schnee.

schimmeln, schneien, davonlaufen.

*schimpfen, zum Gesell erklären.

*Schinder, Arzt.

*Schindling, Gendarm.

*Schinnagel, Arbeitshaus, falsches Zeugnis.

*Schinnagelsgeist, Arbeitsgeselle, Arbeiter.

schiwe, schiwes, gefangen.

Schkorum, Lüge.

Schlamasser, Vigilant.

schlamassel sein, verhaftet sein.

*Schlamassel, der, Dummer, Unglücksbruder.

Schlamassen, Unglück, Mißlingen.

Schlange, Schlinge, Kette, Uhrkette.

*Schlangengreifer, Kunde ohne Profession.

*Schlappstock, Löffel.

Schlavittchen, beim Kragen oder Hals fest anfassen.

Schlederhaus, Wirtshaus.

*Schlemihl, Unglücksmensch.

*schleppen, zuführen.

Schlepper, Zutreiber (Bauernfänger).

*Schleusendeckel, Fünfmarkstück.

schlichnen, verraten.

Schlichner, Verräter.

schliren, anzeigen.

Schlittenfahrer, Personen, die Waren auf Kredit entnehmen und sie, ohne sie zu bezahlen, sofort verschleudern.

Schlon, Schlaf.

schlonen, schlafen.

*Schlotfeger, im Hopfengarten, wenn der Hopfen schwarz wird.

*Schlummerkies, -leine, -pech, Schlafgeld.

schlunen, schlafen.

*Schlung, Kehle.

Schlunkiffe
Schlunkitte } Herberge.

Schlunz, Gefängnisessen.

Schlunz-Hammel, Gefängnis-Koch.

*Schmacht, Hunger.

*schmachten, hungern.

Schmadde, Taufe.

Schmadderstebbe, Taufschein.

schmaien, hören.

Schmal, Weg.

Schmaler, Jahrmarkt.

schmalern, verraten.

Schmalfing, Tabakspfeife.

*Schmalfuß, Katze.

*Schmaling, Katze.

Schmalkachler, Verleumder.

Schmalkochler, Verleumder.

*schmal machen, Wirtshausfechten. Wird oft
in der Art gemacht, daß ein besser ge-
kleideter Kunde in eine Schenke geht
und sich ein Bier bestellt. Er setzt sich
an einen Tisch, wo viele Leute sitzen
und redet über schlechte Zeiten. Inzwischen kommt ein anderer Kunde
herein und bettelt. Der erste gibt ihm
sofort 10 oder 20 Pf. Die Leute am
Tisch wollen auch nicht hartherzig
sein, und geben auch, und so machen
die Beiden gewöhnlich eine hübsche
Ernte.

sein schmallern, hochdeutsch reden.

*Schmalmacher, Schmalhans, Bettler.

*Schmeckwohl, Apotheke.

*Schmeichelweide, Schmeichelwinde, Kirche.

*Schmelzkeffel, Abort.

*einen schmettern, einen trinken.

Schmiche, Tuch.

Schmicher, seidene Tücher und Stoffe.

*Schmiere, Polizei.

schmieren, bestechen.

Schmiere stehen, Wache stehen beim Diebstahl.

*Schmierling, Butter, Käse, Seife.

*Schmiermann, Schimmermann, Nacht-
    wächter.

Schmiermichel, Kriminalbeamter, Polizist.

*Schmierlinghengst, Seifensieder.

*Schmiertopf, Polizeigewahrsam.

*Schmochfink, Tabakspfeife.

*Schmockstock, Zigarre.

*schmoren, trinken.

Schmorbruder, Säufer.

*Schmorbach, Schmorer, Säufer.

Schmues, schwätzen, Neuigkeiten erzählen.

Schmuh, außer dem Verdienst noch einen
    Gewinn haben.

Schmuhe, weibliche Scham.

Schmuhl, Jude.

Schmulchen, Judenknabe.

Schmuhlappen, Überbleibsel bei der Kon-
    fektionsarbeit, Wäschenäherei usw.

*Schmunk, Schmalz, Fett.

*Schmunkvogel, Schwein.

Schmunz, Gefängnisessen.

*schmusen, erzählen, unterhalten, kohlen.

*Schmuserei, Erzählung, Unterhaltung.

Schnalle, ¹) *Suppe,   ²) Unwahrheit,   ³) Dirne,
        weiblicher Geschlechtsteil.

schnallen, ¹) lügen, ²) beischlafen.

Schnallendrücker, Bettler.

ᴰSchnallenrennen, beischlafen.

ᴰSchnallenritt, Beischlaf, Strich.

*Schnatter, Ente.

*Schnauzenschlager, Barbier.

*Schnäuzling, Nase.

*Schnäuzlingsschneiche, Sacktuch.

*Schnäuzlingsfinche, Schnupftabak.   .

*Schnee, alles Weiße, Wäsche, Papier, Lein=
        wand, Taschentuch.

Schnees, Halstuch, Taschentuch.

*Schneefanger, Wäschedieb.

*Schneepflanzer, Leineweber.

*Schneeschaufler, Wäschedieb.

*Schneeschipper im Sommer, Kunden ohne
        Profession, Arbeitsscheue.

schneeweiß, gut mit Geld versehen.

schnei, zwei.

Schneide, Scheere.

Schneidering, Messer.

*Schneiderkarpfen, (auch Haifisch) Hering (als
    Gericht).

*Schneidhammel, Schneidhans, Schere.

*Schneidling, Messer.

Schneiderole, schmales Sicherheitsschloß.

schneien, unbemerkt fortgehen.

Schneis, Sonne.

*Schnelldoktor, Barbier.

schnellen, schießen.

Schneller, Schußwaffe.

Schnellfahrer, Dieb.

*Schnellläufer, Kunden, die den Verpflegungs-
    stationen nachgehen.

ᴰSchneppe, Dirne.

Schniffler, }
Schniffling, } Schnupftabak.

Schnifflingskasten, Schnupftabaksdose.

Schnifflingsmelochner, nicht ausgekundschafte-
    ter Einbruch.

Schnitt machen, Uhrkette abschneiden.

*Schnittling, Haar.

*Schnürler, Galgen.

*Schnurrant, Bettler.

*schnurren, schnorren, betteln.

*Schnurrer, Katze.

Schnut, Nase.

Schoch, Stunde.

Schocher-jad, Stemmeisen.

Schochermajum, Kaffee.

Schochet, Schlächter.

auf den Schock gehen, als Ausrufer mit einer
      Schaubude herumziehen.

Schockfreier, Ausrufer bei einer Schaubude.

*Schockelmei, Kaffee.

Schockelmeium, Kaffee.

Schöcks, Begleiter, Bettler.

Schöckse, Begleiterin, Bettlerin.

schofel, heruntergekommen, arm.

*Schofelbajs, Arbeitshaus.

schofel piskenpeh, unglaubwürdige Ausrede.

Schofer, Zug, Eisenbahn.

schofer aggeln, Eisenbahn fahren.

*Schokoladenmänner, Zuchthäusler, die wegen
      ihrer braunen Kleidung so genannt
      werden.

Scholam lechem, Jüdischer Gaunergruß.

Schomen, Öl.

Schone, Jahr.

Schonergeritt, Jahrmarkt.

Schonum ⎫
Schoof ⎬ Jahr.

schorfen, kaufen.

Schörrich, Diebeswerkzeug.

Schote, blasierter Mensch.

Schoter, Gerichtsdiener.

Schottenfelle, Ladendiebstähle.

Schottenfeller, Markt- und Ladendieb.

*Schrabbiner, Kinder.

*Schrazze, Kinder.

*Schrammbauer, Getreidedieb.

schränken, auf-, losschränken, mit Instrumenten
      verschlossene Wohnungen öffnen.

Schränker, gewaltsamer Dieb.

*Schränker, Zimmermann.

*Schränkmasematten, Einbruch.

Schränkzeug, Einbruchsinstrument.

Schraues, Plauderei, Nachrichten.

Schrekkener, Genosse des Ladendiebs.

*Schreiling, kleines Kind.

Schrendeschieber, stehlender Einbrecher.

*Schubb, Zwangstransport. Meist in die Hei-
      mat oder ins Vaterland. „Auf den
      Schubb bringen". „Geschuppt werden".

*auf den Schub gehen, auf gewaltsamen Dieb-
      stahl ausgehen.

Schubnasematten, nicht ausgekundschafteter
      Einbruch.

Schubkarrenschieber, Artillerist.

⚇Schublade, weiblicher Geschlechtsteil.

⚇Schublade sprengen, Notzucht verüben.

*Schubtreiber, Polizist, der den Schub besorgt.

138

*Schuchert, Bier.

schüchten, schneiden.

*Schuck, eine Mark.

Schuckel, Hund.

*schucken, geben, bezahlen.

*Schucker, Polizist, Schutzmann.

*Schuckerei, Gendarmerie.

Schulcher, Tisch.

Schrobberzeug, Brechwerkzeug.

*Schrot, Geld.

*Schroter, Polizist, Gensdarm.

Schrumper, Feile.

*schuften, sich schinden, arbeiten.

Schuhe abputzen, Verdächtiges beseitigen.

*Schule, Strafanstalt, insbesondere Göllersdorf,
  Sammlung von Einbruchswerkzeug.

*hohe Schule, Zuchthaus.

*Schulfuchs, Schulmeister.

*im Schumm sein, vom Schnaps angeregt sein.

^xschummeln, kosen, beischlafen.

Schund, Abfall, Koth, Hintern.

*Schunderwinde, Abtritt.

*Schundläppchen, Weber.

schundeln, Notdurft verrichten, angeben.

*schuppen, beschuppen, betrügen.

Schupper, Betrüger, Dieb.

Schurf, ein Jahr Zuchthaus.

Schurch, Kleiderstoffe.

Schurrig, Einbruchswerkzeug.

Schurich, Packet mit Beute.

Schürnbrand, Bier.

*Schusterbude, schlechte Arbeitsstätte, die z. B.
    unter Verbandsatz bezahlt.

Seinen Schuß machen, Beischlaf vollziehen.

Schüttelläppchen, Weber.

Schutzmann, Spiritus mit Nelke, Schnaps.

Schuwe, Bescheid geben.

*schwabbeln, trinken.

*Schwäche, Wirtshaus.

*Schwächer, Wirt.

*schwächen, trinken, essen.

*Schwächbruder, Saufbruder.

*Schwächmatador, Erzsaufbruder.

Schwager, nennen sich Kunden verwandter
    Professionen, z. B. Schlosser und Schmied.

Schwager werden zwei Befreundete oder Be-
    kannte genannt, die gemeinsam eine
    Dirne benutzten oder mit einem Mädchen
    verkehrten — was oft Monate aus-
    einander liegen kann.

Schwalbenschnabel, Maurerhammer.

schwanzen, schwänzen, laufen.

*Schwarz (Schwärze), Tinte.

Schwärz, Nacht.

*Schwarzarsch (Kohlarsch), Schornstein.

*Schwarzarschkaffer, Schornsteinfeger.

Schwarzbauer, nächtlicher Taschendieb.

*Der Schwarze, der Böhme.

schwarze Bande, Gaunergruppe, die junge
    Mädchen entführen, um ein Lösegeld
    zu erzwingen, auch eine Bande, die
    große Warenposten erschwindelt und
    schnell losschlägt.

*schwarzer Dragoner, Floh,

Schwarzburger }
Schwarzreiter   } Floh.

*Schwarzfahrer, Kunde ohne Legitimation.

*Schwarzfärber, Geistlicher.

Schwarzfärbers Mick, Pastorfrau.

*schwarz gehen, ohne Papiere gehen.

Schwarzgelber, (in Österreich) Soldat, auch
    Denunziant.

*Schwarzkünstler, Schornsteinfeger.

*Schwärzling, Kaffee.

*Schwärzling, Tinte.

*Schwarzmantel, Schornstein.

Schwarzmas, geräuchertes Fleisch.

*Schwarzmertiner, Böhme.

*Schwarzreiter, Floh.

schwassern, betrügen.

Schwellenträger, Soldaten des Eisenbahn-
    regiments.

*Schwenker, Kellner.

*schwer geladen, betrunken.

Schwerer Junge, furchtloser Verbrecher.

Schwermut, Finsternis.

*Schwester, Päderast, Homosexueller.

°barmherzige Schwester, Dirne.

*Schwimmling, Hering.

schwofen, tanzen.

°schwul, heißen Frauen und Mädchen, die gleich-
geschlechtlich verkehren. Die Schwule-
Urninde. Der Ausdruck kommt gewiß
von der merkwürdigen Stimmung her,
in der sich solche Wesen oft befinden
und die von einer gewissen Schwüle
ist. Echt schwul = Urninde.

°Schwule Bande, drittes Geschlecht, männliche
Prostituierte, Lesbierinnen.

°Sechserkalle, Dirne, die nichts taugt, die sich
für ganz wenig Geld hingiebt.

Seebär, Seemann.

Seeger, Mann.

*Seekadett (Seesoldat), Hering.

*Seelenverkäufer, Stellenvermittler.

Sefel, Schmutz.

*Sehnsucht, Schinken, Wurst.

Seibel, Schmutz, Betrug.

Seifensieder, Taschendieb.

seichten, streifen.

142

*seelig, betrunken.

Sekohne, Gefahr.

sela, abgemacht.

Sella, Straße.

*Seminar, Strafanstalt.

*Senge, Prügel.

*Senge besehen, Prügel bekommen.

*Sensenmann, Tod.

*Senser, Bürgermeister.

Senserei, Bürgermeisterei.

*Seppel, Spitzname für Bayer.

Serche hanjo, Tabaksbeutel.

Serike, Lüge, Schwindelei.

*Serviettenschwenker, Kellner.

*Servus-Schursch, Kundengruß.

Seubecher }
Sewacher } Dieb.

Sewas schwächen, Tabak rauchen.

*sichern, kochen.

Silabi, Silabis, Zwange.

*Silvesterpauke, Cylinderhut. (Berlinisch.)

*singen, fasten.

*Sinde, Zigeuner.

Sinnen, Narbe, Erkennungszeichen.

*Sinter, Komplice.

ᵀSitte, die Sittenpolizei. Die Dirnen rufen
     einander, wenn ein Schutzmann von

der Sittenpolizei zu sehen ist, zu: „die Sitte kommt!" Wenn auch diese Schutzleute nicht uniformiert sind, so sind sie doch den Dirnen bekannt.

ᴰ**unter Sitte,** unter Kontrolle.

Skoffer, Spieler.

Skorum, Unfug, Dummheit.

Slichner, Verräter.

*****Socher,** Kaufmann.

Sode, Feld.

Sodomiter, einer, der mit Tieren geschlechtlich verkehrt.

Sof, Soff, Gold.

Soffmaluchner, -melochner, Goldschmied.

*****Soger,** Kaufmann.

·**Soldatenhonig,** Rizinusöl.

Somm, Sonne.

·**Sommerarchitekt,** herumziehender Budenbesitzer.

·**Sommerfrische,** Strafanstalt.

·**Sonne,** Zuchthaus Sonnenburg.

Die Sonne scheint hell, die Polizei ist schon lange aufmerksam.

ᴰ**Sonnenblos,** Bordell.

·**Sonnenbruder,** siehe Pennbruder.

·**Sonnenschmied,** Klempner.

Sonner, Wasser.

Sonntagsnachmittagsding, Diebstahl der dann
    ausgeführt wird.

*Sore, gestohlene Ware.

*Soroff, Schnaps.

*Soroffbruder, Schnapsbruder.

†Souterrainschnupfen, Tripper.

*spachteln, essen.

*Spähnling, Zimmermann.

*Spanien, Spalt.

*Spannemann machen, auf Läuse untersuchen.

*spann' die Lage, da schau mal her.

Späne machen, aufpassen.

Spannemann machen, nach Läusen suchen.

*spannen, erblicken, sehen.

Spanner, Spenz, wer beim Einbruch Wache
    steht, auch Vigilant.

Spann-Michel, Augen.

*Sparfuß, Schuh.

*Sparkasse, Buckel.

*Spatz, Fleisch, (in Kasernen, Gefängnissen).

*Spazierhölzer, Beine.

*Specht, Förster.

*Spechtwinde, im Walde gelegenes Forsthaus.

Speck, Ruthe, Peitsche.

Speck und Schinken, körperliche Züchtigung.

*Speckjäger, alter Handwerksbursche mit festem
    Revier.

*Speisfang, der Magen.

Spelunke, wo Verbrecher sich aufhalten.

Sperling, Knebel.

*Spezer, Bierbrauer.

Spieker, Nagel,

Spielmöpse, Spielhengste, Spielleute, (beim
        Militär).

*Spielzeug, Handwerksgerät.

Spiese, Herberge.

*Spieß, Staatsanwalt.

*Spieß, Fünfpfennigstück.

*Spinatstecher, warmer Bruder, Homosexueller.

Spinatwächter, Landjäger.

*Spind, Zylinderhut.

*Spinde, reisendes Mädchen, Prostituierte.

glatte Spinde, dufte Henne, eine gerissene,
        ansehnliche Kundendirne.

Spindfarbe, Konserven.

spinnen, Lärm machen, fortwährend reden.

Spinnhase, Feigling.

Spitzel, Verräter.

*Spitzhammer, Nagelschmied.

*Spitzfuß, Ziege.

*Spitzkopp, Gensdarm.

*Spitzling, Hafer, (auch Nadel, Pfriemen, Ahle).

*Spitzvogel, (Süßlingvogel), Biene.

Sprattling, Versuch.

148

*Sprauß, Brennholz.

Sprenkart, Salz.

Springer, Fußeisen.

*Sprißbüchse, Mädchen, Prostituierte.

Sprißer, Einbrecher.

*Sprißze, Gewehr, Messer.

Sprunkert, Salz.

sprunken, jemand Salz in die Augen werfen.

Spule, Essen.

spulen, essen.

Spukenelle, Gespenst.

*Spülzeug, Barbierzeug.

srickenen, beobachten.

Srore, Herr.

Staatsfrack (Stadtfrack), zehnjährige Kerker-
strafe.

*Stachelinus, Igel.

*Stänker, Stall.

stapeln, stappeln, betrügen, stehlen.

*Staub, Mehl, kleines Geld.

*Staubhenne, Mehlbettlerin.

Staubkunde, Mehlbettler.

*Staude, Hemd.

Staudenscheißer, Jäger, (Soldat, weil er da-
rauf dressiert wird, jede Deckung, auch
eine Staude auszunutzen).

*stauken, schlagen.

˚Stauke, Schläge.

stechen, heimlich Unterschrift geben.

˚Stechhans, Schneider.

˚stecken, geben.

˚Steiger, Fuß.

˚Steiger, Leiter

Steinfalle, Berg.

Steinhaufen, Stadt.

˚Steinschwalbe, Maurer, vom Lande zugereister.

*Die Steine brennen, die Polizei paßt scharf auf.

*Steißklopper, Lehrer.

Stengel, Faden.

˚Stenz, Stock, auch Zuhälter.

Sternwarten, die sternlosen Achselstücke der
     Leutnants.

˚Stichling, Zaunpfahl.

˚Stichler, Stichlingswelocher, Schneider.

˚Stichling, Nadel.

Stiefel abputzen, Verdächtiges beseitigen.

˚Stiegenläufer, Hausbettler, Hauseinschleicher.

Stiegenratte, Stiegenschleicher, Schleichdieb.

stiffeln, schlagen.

˚Stift, Lehrling.

˚die stillen Marschierer, das Ungeziefer.

˚stille Penne, Gefängnis, Zuchthaus.

stinck, still.

*Stinker, Stall.

*im Stinker türmen, im Stalle schlafen.

stippen, Geld durch Leimruten aus den Kassen
holen, aufsammeln (besonders Stummeln).

Stipper, Diebe, die durch mit Leim bestrichene
Fischbeinstäbe Geld stehlen.

Stippruten, Diebesstäbe mit Leim beschmiert.

Stixi bonbon gebn, zu einer Dirne gehen.

·Stoff, Lagerbier.

Stoß, Diebsbeute.

·stoßen, betteln, stehlen, Gestohlenes ankaufen.

Stoßenschieber, Hehler.

strade handeln, stehlen.

Strang, Kette.

·Straßburger, Cigarrenstummel, der auf der
Straße aufgehoben wird.

·Straßburger, aus aufgelesenen Cigarren=
stummeln geschnittener Tabak.

·Straßenkitzeln, kehren.

Straßenpilger, Barbier.

Stratefegen, Straßendiebstahl.

Stratekehrer, Straßendieb.

Strauber, Haar.

Goldner Strauß, Stadtvogtei.

*Strähle, Straße.

*Streberer, nobler, gewitzter Bettler.

*Streiflinge, Strümpfe.

*Strenzierer, Kunde (Muttersöhnchen).

*strenzieren, hausieren.

ᵀStrich (feiner-, Mittags-, Abends-, Nachts-),
der Weg der Dirne, auf dem sie sich
Kunden sucht. Auch sagt man, um ein
Mädchen als Dirne zu kennzeichnen:
Sie geht auf den Strich.

ᵀStrichvogel, Straßendirne.

ᵀStrichjungen, männliche Prostituierte.

*Strohbeißer, Gans.

*Strohbohrer, Gans.

*Strohputzer, Gans.

*Strohnickel, Schwein.

ᵀStrom, Bordell.

Strombart, Wald.

*Stromer, Vagabund.

Strupper, Stroh, Haar.

ᵀStubben, ein Homosexueller, der den männ=
lichen Prostituierten mittlere Preise zahlt.

Stube, Arrest.

*Stubenältester, ältester Sträfling, in der Ge=
fängniszelle, dem die Ordnung über=
tragen ist.

*Stubenvater, ältester Häftling in der Zelle.

*Stück davon, Kundenzuruf: auch einer!

Stück Brot, Diebsbeute.

Stück Brot verdienen, stehlen, prostituieren.

Stuppen, ein Dummer, Freier.

stürzen, verurteilen, absetzen.

*eine Sache studiert, sie ist versetzt, verpfändet.

Stuß, Unsinn sprechen.

Suchel, Verstand.

Sulm, Leiter.

Sultan, mit zwei Frauen zu gleicher Zeit ver=
mählt sein.

Sums, Summes, viel und albern reden.

Surhase, Zwiebel.

Sus, Suß, Pferd.

Suse, liederliches und beschränktes Mädchen.

Sußhändler, Sußgannew, Pferdedieb.

*Süßlehmer, Konditor.

*Süßert, Honig, Zucker.

Süßhaus, Bienenstock.

*Süßling, Zucker.

Süßlingtippler, Bauernfänger.

ᵀSuppengrüns, magere, verblühte Mädchen.

T

Tabel, Paket mit gestohlenen Sachen.

Tabu, Kirche.

Tachteln, ein paar Ohrfeigen.

tackeff, bestechlich.

Tafel, Brieftasche.

*tailachen, große Strecken schnell zurücklegen,
entwischen.

taltet, zweifeln.

Tallesmasky, Zuchthaus.

Talmann, Scharfrichter.

Talmikavalier, Hochstapler.

*feste tanzen, tüchtig ausschreiten.

Tankfaller, Schaukasten-Dieb.

Tannepfahl, Huhn.

Tante, Päderast, homosexueller Freier.

Tantel, Nachschlüssel.

Tantelmacher, Tantelmelochner, Schlosser.

Tantelzeug, Dietriche.

tanzen lassen, stehlen.

Tapemichel, Dirne.

*tapern, gehen reisen, wandern.

*Tappen, Stempel, Geschenk, Orts- u. Meister-
geschenk, Geld.

*Tappenreiter, ein Kunde, der auf solche Ge-
schenke reist. Umschau bei den Meistern

auf fremde Tappen gehn, bei Meistern fremder
Gewerbe betteln, z. B. ein Schneider
als Metzger.

'tapsen, walzen.

Tarchener, Bettler, Dieb, der sich in Häuser
schleicht.

*Taschenkrebs, Taschendieb.

Tattrich, Nervenschwäche in den Händen.

*Tauben, Glück.

*Tauben haben, Glück haben.

*Taufkunde, Bettler, der alles nimmt.

Tauwes avone, echte Steine.

'Teckel, Deckel, Gendarm.

Teckelei, Polizei.

'Teigaffe, Bäcker.

'Teigbildhauer, Bäcker.

'Teichgräber, Ente.

Teiwe, Kofferähnliche Gegenstände.

'Temegge, Temeige, Freudenmädchen.

Tempeln, Kartenspiel.

Termechol, Huhn.

*Teppe, Stiefel, Schuh.

*Terich, der Weg.

*Testamentenquetscher, Buchbinder.

Teufeln, verbotenes Kartenspiel.

Tfieze, Gefängnis.

*Theater, Rathaus, Marktplatz.

'Theaterschuhe, alte, zerissene Schuhe, weil sie
          „Notausgänge" haben für die Zehen.

'Theewinde, Krankenhaus.

'Thermometer, Branntweinflasche.

'Tick, Ticke, Tickert, Uhr.

*Tickmelochner, Uhrmacher.

Tickschlange, Uhrkette.

ticken, abwägen, abmessen.

*Tiegerei, Wanderschaft.

'tiepern, reden.

*Tieperei, Geschwätz.

'Tierrach, Landstrich, Gegend, Gau.

°tigern, große Strecken schnell zurücklegen.

°Tille, Hure, Tippelei.

Tilmische, Mutter.

°Tinnef, unedle Metalle, Kot, Dreck.

tinnef sein, verloren, überführt sein.

Tippel, Fallsucht.

Tippelanten, Pointeure beim Hazardspiel.

*Tippelbruder, ein Kunde, der mehr wandert
        als arbeitet.

°Tippelei, Wanderschaft, Reise.

°Tippelgesetz, Wanderordnung.

°tippeln, gehen, reisen, wandern.

tippen, etwas leicht berühren, beischlafen.

Tipper, verbotenes Kartenspiel.

°Tippelschennigelswinde, Wanderarbeitsstätte.

°Tippelschickse, Frauenzimmer auf Wanderschaft.

°Tippeltille, lüderliches Weibsbild von der
        Landstraße.

Tippler, betrügerischer Mitbieter bei einem
        Verkauf.

°Tirach, Bettelbezirk.

°tirachen, betteln, erpressen.

Toback, Gefängnis-, Zuchthausstrafe.

Tochus, Toches, das Gesäß.

Tochusulen, Homosexueller.

tocken, geben.

*das Todesurteil unterschreiben, die Aufnahme-
bedingungen der Arbeiterkolonie unterschreiben.

*Totenkutsche, Automobil.

toflemone, katholisch.

Toflemann Jaske, Kloster.

tofer, lohnend.

Tole, Schloß.

Tolgon, Scharfrichter.

*Töle, (Teele), Dirne, schlechtzahlender Homo-
sexueller, Hund.

²Toppsau, Prostituierte im verächtlichen Sinne.
Ebenso: Sau, besonders in der Mehrzahl, die Säue.

Torf, Geld, Beutel.

Torfdrücker, Taschendieb, der nur Portemonnaies
stiehlt.

Totengräber, Pioniere.

*Totenschein, Marschroute in die Heimat,
Zwangspaß.

*Den Totenschein sterben lassen, die Reisevor-
schrift nicht innehalten.

*Totesser, alter, invalider Kunde.

*Totmacher, Beil; tot sein, ohne Geld.

*Tour, Bettelfahrt, Erpresserfahrt.

tov, gut.

*Trallenwatsch, Schub.

trampeln, betrügen.

Trampeltiere, schwere Reiter.

*Tran, betrunken.

*Trankonditor, Tranlochner, kleiner Krämer.

*im Tran sein, betrunken sein.

Trapp, Schub.

*Trappelmann, Trappel, Trappler, Trappert,
Pferd.

'Trararum, Post, Postwagen.

Trararumgänger, Postdieb.

Trararum-Gole, Postwagen.

treefe, unredlich, unrein, unsicher.

treefe fallen oder gehen, im Besitz von ge=
stohlenen Sachen oder Diebesinstru=
menten verhaftet werden.

Treefeschurig, verdächtige Sachen.

Tremens, Rausch.

treife, unrein, unsicher, unehrlich.

·Treter, Schuh.

*jemanden auf die Tretmühle nehmen, jemanden
beschimpfen.

'Trichinen, Läuse.

Trigamie, dreifache Ehe.

Trigamist, Mann, der drei Frauen hat.

Trigamistin, Frau, die drei Männer hat.

Trillisker, Eisenbahngepäcksdieb.

*Trine, Dirne gewöhnlichen Schlages. Wahr=
scheinlich kommt diese Bezeichnung mehr

von Catrine als von Kathrine her.
Denn das Volk, besonders das der
armen Viertel von Berlin, weiß einen
außerordentlichen Ton der Verachtung
in das Wort hineinzulegen, das denn
auch meist als Schimpfwort benutzt wird.

Tripporteur-Tschai, Bauernfänger.

*im **Tritt**, betrunken.

***Trittmacher**, Schuhmacher.

***Trittchen**, Stiefel.

***Trittlinge**, Stiefel.

Trittlingsmelucher, -melochner, Schuhmacher.

***Trittlingspflanzer**, Schuster,

Troll, Garn.

***Trübschein**, Brille.

***Trockener Oskar**, Bettelbrot, trockenes Brot.

truschen, sprechen.

Tschai, handelndes Mädchen, das Spiondienste
für Diebe leistet.

Tschille, Anfang.

Tschilles, Dunkelheit.

Tschor-bayes-Gitte, Schlupfwinkel.

tulerisch, lutherisch.

Tulm, Galgen.

***Tulpe**, die schwarze Tulpe, Cylinderhut.

***Tupf**, 1 Pfennig.

***Turm**, Schlaf, kommt wahrscheinlich von

Mormier, schlafen, ist aber zusammen=
geworfen worden mit: im Turm sein,
in Haft sein, also Ruhe haben.

*türmen, 1) entfliehen, 2) schlafen, nächtigen,
3) schnell wandern.

Türmer, Entsprungener.

·Turmspitz, Vergolder.

·Turmspitzenvergolder, Kunde ohne Profession,
Arbeitsscheue.

·Türklinkenputzer, Kunde ohne Profession.

·Twist, Brot (Hamburgisch).

Twise, Kerker.

ᵡTyroler, Untersuchungsfessel für kontrollierte
Dirnen.

U

überbaun, überbau sein, verurteilt.

·Überfluß, Bargeld.

·Übermann, Überzieher.

Übermitte, Oberbett.

·über'n Berg gehn, in das Zuchthaus kommen.

ᵡÜberzieher, Kordon.

„Üb' immer Treu und Redlichkeit", nennen
die Kunden das Holzhacken im Gefängnis.

Ulenklemmer, Bahnhofsdieb.

Ulmische, Mutter.

Ulmischer, Vater.

·umschauen, nach Arbeit fragen.

·Unke, Branntweinflasche.

Unkelmann, Unker, Unterkievisch, Untersuchungshaft.

·Untergrund, Keller.

ein Masematten im Untergrund, ein Kellereinbruch.

unterkabbern, die Türschwelle untergraben.

unterkappen, unterkaufen, untermakkenen, tüchtig lügen.

·unterkiebischen, unterschlagen.

Unterkiewisch, Untersuchungshaft.

·unterkünftig, zur ebenen Erde, parterre.

Untermitte, Unterbett.

·Unteroffizier, ein kleiner Schnaps.

·Unvernunft, Wurst.

·einen Unzelmann machen, sich dumm stellen.

unzeln, schwindeln, gaunern.

*Urach, geheimer Polizist.

*polnischen Urlaub nehmen, ausreißen.

*Usinger, Schlosser.

V

·Vagabundenbeutel, wird unter dem Rock getragen und dient zum Aufnehmen von Brod und Wurststücken.

·Vater, Anrede für den Herbergswirt.

*Vater Weiß, Winter.

*Vaterunsergeselle, Lehrer.

*Vaterunsermacher, Lehrer.

Verahnerin, Wahrsagerin.

verbalseien, betrunken machen, um den Betrunkenen zu bestehlen.

*Verbandsbuch, Branntweinflasche.

verbarseln, anketten,

verbleffen, ängstlich machen.

verbimsen, mißhandeln.

*verbient, verlaust.

*verblitzen, gerichtlich verurteilen.

sich verbrennen, den Schw .... verbrennen, sich anstecken, syphilitisch werden.

verbrannt, in Verbrecherkreisen bekannt sein.

verbrüsewitzen, verbumsen, verdalken, verdreschen, schlagen.

*Verdeckter, Schutzmann in Zivil.

*verdetscht, dumm.

verdienen, stehlen.

Verdienst, Anteil an der Beute.

*verdonnert werden, das Urteil empfangen.

*verduften, verschwinden.

*Vergolder, Homosexueller.

*verhammert, verborgen.

verhämmern, verhauen, schlagen.

*verheizen, prügeln.

verjäschwienen, versetzen.

verkabbern, sich verstecken.

*verkaboren, verstecken.

verkamisöhlen, schlagen.

*verkitzen, verklitschen, erbetteltes Zeug ver-
    kaufen.

verklabbern, abends im Haus einschließen
    lassen, verstecken.

verklappen, durchbringen.

verkloppen, schlagen, verkaufen.

*verkleisten, Dummheiten.

Verknackter, Verurteilter.

*verknast werden, das Urteil empfangen.

verknaßt, verknackt, verurteilt.

verkneisseln, schlagen.

verknickeln, anzeigen.

*verknubbe liegen, faul sein.

verknüppeln, schlagen.

*verkohlen, beschwindeln.

*verkrönt sein, verheiratet sein.

*verkümmeln, verkaufen.

Verkümmler, Hehler, Helfer.

*verkündigen, erbetteltes Zeug verkaufen.

Verkuppler, Mädchenhändler.

verlambenen, trunken machen, um den Be-
    trunkenen bestehlen zu können.

verlampen, verscheuchen, beim Einbruch über-
    rascht werden.

verlänken, fälschen.

verlatschen }
vermakeln } tüchtig schlagen.

vermammsen, verraten.

vermasseln, verraten.

vermauscheln, falsches Geld ausgeben.

*vermischte Nachrichten, vermengte Speisereste.

vermischtenen, abschwören.

vermöbeln, verhauen.

*vermoosern, verraten.

vernageln, mißhandeln.

vernünftig sein, Päderast sein.

verpfeifen, verraten.

·Verpflichtung, die Naturalverpflegung.

·Verpflichtung nehmen, in Verpflegungsstation
      einkehren.

*Verpflichtungsfäuftchen, Verpflegungsstations=
      bett.

verpulvern, vergeuden.

verpumsacken, mißhandeln.

*versargen, vergraben, verscharren, verbergen,
      lange Gefängnisstrafe absitzen.

versäbeln, Schlägerei.

versammen, vergiften.

versängen, schlagen.

*Verschärfen, verkaufen, besonders Diebesbeute
      oder Bettelertrag beim Hehler verkaufen.

verschlauen, verschlafen, versäumen.

Verschmei, Verhör.

*verschmieren, verhaften.

verschöchen, verraten.

*verschönern, rasieren lassen.

*Verschönerungsrat, Barbier.

*verschütt gehen, verhaftet werden.

*verschütten, verhaften lassen.

*Verschnerich, Sattler.

versenken, verstecken, verschwinden lassen.

*versetzen, im Stich lassen, davonlaufen.

verstrafeln, verpötern, schlagen.

vertobacken, schlagen.

Vertuschmachen, beim Taschendiebstahl behilf=
       lich sein.

verwackeln }
verwamsen } tüchtig schlagen.

verwittern, sich mit dem „Duft" heißer
       Hündinnen beschmieren, um Wachhunde
       still zu machen.

verzachkenen, }
verzrocken } verspielen.

*Verzinken, verraten.

verzinden, verraten.

*Vicibus, Viceboos, Hausknecht in der Herberge.

*Vigilanten, Aufpasser, Späher der Polizei.

Violen schieben, Mätzchen machen, um Publikum in die Schaubuden hereinzulocken.

*vogeln, pfeifen.

volldeisten füllen, (z. B. die Schnapsflasche).

Vorderschieber, kunstvoll gearbeiteter Dietrich.

*Vorwichser, Vorweis.

*†vosen, poussieren und geschlechtlich verkehren, ohne feste Absichten zu haben. Daher: Vosenhahn oder Vosenjunge, ein Mann, der nicht heiratet oder der die Dirne nicht bezahlt, der sie unentgeltlich benutzen will. Die Dirnen machen ihn sich gegenseitig kenntlich, indem sie z. B. in den Tanzsälen einander zurufen: „Du, det is'n Vosenjunge!" Der Ausdruck gilt als beleidigendes Schimpfwort und ist in den unteren Volkskreisen wie in der Dirnenwelt üblich. Von einem jungen Mann, der viel Verkehr mit jungen Mädchen hat, wird gesagt: „Er vost herum." Von einer Dirne, die Männern ihre Gunst gewährt, ohne sich bezahlen zu lassen, wird auch gesagt: „Sie vost herum."

*†Vosenhahn, (siehe vosen.)

W

*Wachtmeister, großer Schnaps.

*Wachskerze, Gewehr des Gendarmen.

Wackes, Herumtreiber.

Waider, Jagd- oder Reisetasche.

wasiwach machen, sich dünne machen, flüchten.

*Waldhahn, Schwan.

walen, schlecht die Gaunersprache sprechen.

*Wallach, Pfarrer, (Spottweise aus Gallach).

*Wallmusch, Rock.

*Wallrutscher, Soldatendirnen, die auf den Festungswällen Rendezvous geben.

*Walzbruder, Wanderbursch.

*Walze, Wanderschaft, Reise, z. B.: Er ist auf der Walze.

*walzen, gehen, reisen, wandern.

wandern, entfliehen.

Wandmachen, Wandmacher, beim Taschendiebstahl den Dieb decken.

*Warmbuckel, Schaf.

*Warme Brüder, warmer Onkel, Homosexuelle. Der Ausdruck wird im Volke vielfach als Schimpfwort gebraucht. Weichempfindende Männer werden damit geneckt: „Er hat sich wie'n warmer Bruder!"

*Warmer, Wärmchen, Päderast, Homosexueller.

*Wärmling, Ofen.

Wasserratten, Pioniere, Schiffsdieb in Häfen.

*Wässrige, Muttersöhnchen.

*Wässriger, alter Handwerksbursche.

Watermann, überseeische Mädchenhändler.

Wechselfahrt, Betrug mit außer Kurs gesetzten
        Banknoten.

Wechselfalle, beim Geldwechseln betrügen (siehe
        chilfen).

wegblättern, fliehen.

weghaken, wegwerfen.

*Wegweiser, Branntweinflasche, Landesver-
        weisung.

*Weisheitsschieber, Bäcker.

*Weißbirn, Ei.

Der Weiße, der Österreicher.

Weißes, Papier.

*Weißfuchs, Silber.

*Weißgerber, Dampfnudel.

Weißkeifer   ⎱
Weißkäufer   ⎰   Marktdieb.

*Weißling, alles Weiße: Schnee, Ei, Milch,
        20 Pfennigstück, 5 Pfennigstück.

*Weißmertine, Preußen.

Weißmertiner, Preuße.

*Weißmoos, Silbergeld.

*Weitchen, Hose.

*Weitling, Hose.

Wenom krauten, ausbrechen.

166

'Wetsch, Eisenmeistersgehilfe, Gefängniswärter-
gehilfe.

'Wetterhahn, Dirne.

'Wichskasten, Cylinderhut.

*wickeln, essen, verhaften.

Wiener machen, Landesverweisung.

'Wiesenburg, die Wiesenburg, das Asyl des
Berliner Asyl-Vereins in der Wiesen-
straße

'Den wilden Mann machen, sich irrsinnig
stellen, in Betrunkenheit skandalieren.

*wilde Penne, Schnapsherberge, freie Herberge.

*Wilder, ein Kunde, der auf ein anderes Ge-
schäft reist.

*Wilhelm, falscher Zopf.

Dicker Wilhelm, Protz, Schwelger.

'Willemfidel, Berlin.

Wimmerholz, Leierkasten.

'Windbuletten und Luftsuppe essen, wegen
Geldmangel hungern.

'Windbock, Windmühle.

'Winde, ¹) Haus, Arbeitshaus, ²) Türe, Tor,
Türflügel.

'dufte Winde, Haus mit freigebigen Bewohnern.

*freiwillige Winde, Arbeiterkolonie.

'miese Winde, Haus mit geizigen Bewohnern.

'Die Winde spuckt oder steckt viel, in dem
        Hause erhält man viel beim Betteln.
'Winden stoßen, einzelne gute Häuser aufsuchen.
'Winde ungestoßen laffen, ¹) Gelegenheit zum
        Diebstahl nicht benutzen, ²) Haus nicht
        abbetteln.
'Windfang, Mantel.
'Wind haben, hungern.
'windig, unsicher.
'windige Post, unsichere Gegend.
Windwissen, Bescheid erhalten.
Winsel, Violine.
'Winselwinde, Kirche.
*Wischling, Taschentuch.
witsch, uneingeweiht, dumm, ungeschickt.
Witscher, Dummer, Beschränkter.
witscher Kaffer, Einfaltspinsel, Nichtgauner.
Wolffe, Suppe.
'Wolkenschieber, Bauer.
'Wolkenschieber, Kunden ohne Profession.
'Wollsack, Schaf.
'Wullenbündel, Kapuziner.
Wunnenberg, Jungfrau.
'Wurfrüssel, Elefant.
etwas würgen, Schloß oder Riegel heraus-
        brechen oder abdrehen.
Wurmer, Bohrer.

Würmer, Jahre Gefängnis oder Zuchthaus,
z. B.: Er hat zehn Würmer.

Wuttler, Schwätzer.

wuttlen, erzählen.

Z

*Z, Zuchthaus, (hamburgisch.)

zaccum melochen, mit dem Messer stechen.

Zachkan, Spieler.

zachken, spielen.

Zacken, Zackum, Messer, Dolch.

Zaddik, Köln a. Rh.

*Zadekim, Polizeibehörden.

Zagel, das männliche Glied.

*Zahlblick, Uhrmacher.

Zahmer, der sich betrügen läßt.

Zaires, Haar.

*Zank, Polizei.

*Zänker, Gendarm.

*Zänkerer, Polizeiwachmann.

*das Zapperte, Epilepsie.

*Zaster, Eisen, Eisenbahn, Geld.

Zauni, Gaukler.

zawen, hinrichten.

Zehkenhans, Katzendieb.

Zehling, Strumpf.

Zeifer, Buch.

*Zeilenpinner, Schriftsetzer.

*Zeilenreiter, Zeitungssetzer.

Zenserer, Polizei-Kommissar.

Zentinella, Wache.

Zerger, Rauchtabak.

zergern, rauchen.

*Zerrwanst, Harmonika.

Zewa, Farbe.

Ziacherl, Taschendieb.

Zibisheichus, mit dem Stock schlagen.

Zicken, nicht dumme Sachen machen.

ʹZiegel- und Landstreicher. Kunden ohne
Profession, Arbeitsscheue.

zierlich, ohne Gewalt.

zierliche Masematten, Einbruch, wenn die Leute
schlafen.

Zimmermannsbub, Christus.

Zimmes, Bohnenessen.

Zimmt, Geld, Ware.

Zink, jede geheime Verständigung.

ʹZinken, Zeichen, Stempel.

ʹZinkenpflanzer, Stempelmacher.

Zinker, Zinkermann, Zinkierer, Anfertiger
falscher Papiere, falscher Stempel und
Unterschriften.

ʹetwas zinken, etwas zeigen.

ʹlinker Zinken, falscher Stempel.

Zinken stechen, ein Zeichen geben.

Zinkfleppe, Steckbrief.

*zinkiert, gestempelt.

Zinkplatz, Zinktreff, verabredeter Treffplatz für
Verbrecher.

*Zinsen holen, betteln, erpressen.

*Zinsen verbringen, Geld vertrinken.

ziperen, zählen.

*Zipfelhaube, Gefängnis.

*Zitronenschleifer, Goldschmied, auch richtige
Stromer, Arbeitsscheue.

Zocher, Kaufmann.

*Zocker, gewerbsmäßiger Spieler.

Zoller, Falschspieler.

zollern, falschspielen.

Zom, Schäfer.

Zonn, Schaf.

Zonn-Gannew, Schafdieb.

Zoof, Ende, das Letzte.

*Zopper, Zoppkunde, Dieb.

zoppen, stehlen.

*Zopper, Gelegenheitsdieb. Wandernde Bettler,
die gelegentlich stehlen, werden Zopp-
kunden genannt.

Zornmichel, Zornnickel, leicht aufregen.

*Zoskenhändler, (Zöschenhändler), Pferdedieb.

*Zosse, Pferd.

*Zößchen, Pferd.

*Zosken, Pferdefleisch.

*Zößchenpeuker, Roßschlächter.

*Zößchenpäckerer, Roßschlächter.

*Zoten, Arbeitshaus, Armenasyl.

*Zottelberger, Diebstahl.

*Zottelbruder, Spitzbube.

*zotteln, stehlen.

*Zottelware, gestohlene Ware.

zrocken, spielen.

verzrocken, verspielen.

Zrocker, Spieler.

Zuccum melochen, Messerstechen.

Zuchthauschampagner, Leberthran.

*Zuckerbüchs, Zuchthaus.

*Zug, so'n Zug machen, eine erfolgreiche Bettel-
fahrt oder einen erfolgreichen Diebstahl
machen.

Zukauf, Kartenspiel.

zulanden, stehlen.

zulinzen, zuwinken.

Zumgalo, Verräter.

Zunft, von der Zunft = von gleichem Metier.

*zünftig, gut, echt, duft.

*Zungenschlag haben, gut schwatzen können.

*Zupflanus, Hopfenzupferzeit.

*Zupflauer, Hopfenzupfer.

zupfen
zuppen } stehlen.

zuplanten, etwas heimlich zustecken.

*Zuständigkeit, silberne Löffel.

*Zuwachs, Neuaufnahme in der Arbeiterkolonie.

Zwack
Zwingling } Augenzwinkern als Erkennungs-
zeichen.

*Zwängerling, Zwängling, Jacke, Wams.

*Zwangswinde, Arbeitshaus.

*Zweckenkonditor, Nagelschmied.

*Zwickmann, Henker.

*Zwicker, Hammer, Scharfrichter.

Zwickert, Beißzange.

Zwiebackkutscher, Trainsoldat.

*Zwiebel, Uhr.

zwieren, rechnen, zusammenzählen.

*Zwilling, Zweipfennigstück.

*Zwirnbak, Schneider.

Zwitsch, Färber.

Zwitschkern, Kerze.

Nachwort.

Ganz unbekannt dürften manche Worte der Gaunersprache einem größeren Kreis gerade nicht sein. Draht = Geld, mies = schlecht, elend, fasten = betteln, schwerer Junge = Einbrecher, Bauernfänger = Falschspieler, Hochstapler = nobler Gauner, sind ja geläufige Worte. Und zugleich sind sie ein Beweis, wie unsere deutsche Sprache sich von allen Seiten ergänzt, und nicht scheu ist, auch aus der Tiefe und aus Verbrecherkreisen sich Neubildungen zu holen. Selbst das Wort „radeln" ist aus der Gaunersprache hergeholt, wo es soviel bedeutete wie auf Rädern fahren, auf einem Wagen transportieren. Die Treffsicherheit der Ausdrücke ist jedenfalls so groß, daß wir uns nicht schämen brauchen, von ihnen für den täglichen Gebrauch manches zu entlehnen. Denn das ist nun mal gewiß: gerade das niedere Volk ist außerordentlich tätig an der Fortbildung der Sprache. Während in den mittleren gebildeten Kreisen sich alle Menschen an die korrekten Schulausdrücke halten, bildet das niedere Volk aus Bedürfnis, alles möglichst bildlich zu bezeichnen, aus der Haupttätigkeit oder aus einer hervorstechenden Eigenschaft einer Sache heraus einen neuen Namen. Wenn die Bettler die Kirche eine Schmeichelwinde, das Huhn einen Kratzfuß, den alten gewitzten Fechtbruder einen Speckjäger nennen, haben sie die Absicht, möglichst kurze, treffende Bezeichnungen zu geben.

Nicht immer ist bei diesem Bestreben nur als Ursache anzunehmen, die Gauner wollten ihre Sprache für Uneingeweihte unverständlich machen. Zweifellos ist das oft der Fall. Und besonders bei wirklichen Verbrechern, wenn sie durch Kassiber einander Nachricht geben wollen. Oft aber reizte sicher nur eine spielerische und humorvolle Eigenheit die Gauner zu Neubildungen. Die Gaunersprache ist also auch in der Anlage, im Charakter des Gaunertums begründet — wenn der auch nicht allein entscheidend war für die Entstehung der Gaunersprache. Tatsächlich wird sie doch zur Geheimhaltung von lichtscheuen Dingen und Vorkommnissen benutzt. Aber auch die dazu gebrauchten Worte sind einem größeren Kreis nicht mehr fremd und in den allgemeinen Gebrauch übergegangen. Wenn wir sagen, wir wollen einem andern den roten Hahn aufs Dach setzen, so weiß jeder, daß es heißt, wir wollen ihm sein Haus anzünden. Und so sind schon viele solcher Redewendungen und Sprichworte in die Umgangssprache übergegangen. Es handelt sich allerdings dann meist um recht bildliche oder humorvolle Ausdrücke. Aber da im Gaunertum täglich neue Redensarten entstehen, wird die Übernahme von ihnen nicht aufhören. Ein sehr beliebtes Sprichwort ist augenblicklich „Wer nichts riskiert, kommt nicht nach Tegel", das je nach der Gegend variiert wird und stets einen andern Namen einer Strafanstalt enthält. Aus den Worten der Gaunersprache selbst werden fortwährend neue Redensarten gebildet — ein Zeichen, wie lebendig sie ist.

Reich genug an Worten ist sie jedenfalls. Reicher als jede andere Spezialsprache. Hinzu kommt, daß die Gauner noch andere Verständigungsmittel haben. Außer der auch von Kindern geübten a-, e-, o-, u-Sprache, bei der vor oder hinter allen Silben immer ein bestimmter Vokal eingeschoben wird: Eru hatu feinu Zeugu verulorunenu = Er hat sein Zeug verloren. — Außer dieser Sprache, die bei schnellem Sprechen einem Nichtgeübten gänzlich unverständlich bleibt, verständigen sich die Gauner noch durch Zinken (Zeichen an Zäunen, Wänden, Türen) und durch die Klopfsprache. Die Zinken werden vorzüglich von Bettlern gebraucht. Eine geöffnete Hand deutet an, im Hause sei gut betteln. Ein Kreis ist das Symbol für das Geld, das der Bettler vom Wohnungsinhaber erhält. Vor einem Kreuz schreckt jeder Fechtbruder zurück; er weiß, dort gibt es nichts. Wo das Kreuz aber im Kreis steht, bekommt der Stromer Suppe und Brot. Ein nach oben offener Winkel sagt an, daß eine Frau im Hause ist. Nach unten geschlossene Winkel geben die Zahl der anwesenden Personen an: △△ = 2, △△△ = 3. Eine Brezel weist auf einen Bäcker hin, ein langer Strich auf einen Scheeks, dessen Tippelschickse mit einem halben Strich und deren Kinder je mit einer Null angekündigt werden. Für die Nachricht: im Garten ist ein Hund, haben die Bettler dies Zeichen ⊞. Ein aus vier waagerechten und vier senkrechten Strichen bestehendes Gitter deutet an, daß der Besitzer die Polizei holen läßt und zwei Pfeile, die durch einen Ring gehen, fordern den Bettler auf, sich schleunigst aus der gefährlichen Gegend zu entfernen. Wer also vom Bettel verschont bleiben will, mache nur jene Zeichen mit einem Stück Kohle oder Ziegelstein auf der Tür oder male auch das Zeichen für den Gendarm, ein Gewehr, oder das Zeichen für die Polizei, einen Säbel an. Die richtigen Stromer werden ihn verschonen, denn sie sind es, die jene Zeichensprache kennen und sie benutzen. Ein harmloser Wanderarmer und Arbeitsloser versteht sie nicht und bittet wo ihn der Hunger hintreibt um eine milde Gabe.

Über die Klopfsprache berichtet Polizeikommissar Rabben:

Der „Apparat" wird wie folgt in Funktion gesetzt: Der Sprecher gibt durch Schlagen mit einem Hosenknopf an die Heizungs- oder Abort-Röhren, an die Stangen, das Fenster oder an die Eisenteile der Zellentüre ein Zeichen, worauf der Nachbar von oben, unten, links oder rechts antwortet, auch durch „Klopfzeichen." Natürlich kann man nur des Nachts, wenn Totenstille herrscht, ein solches „Telegramm" aufgeben. Jeder Buchstabe des Alphabetes hat nun ein bestimmtes Klopfzeichen, etwa wie folgt: a, wird durch einen kurzen Schlag angedeutet, b, durch zwei schnelle Schläge hintereinander, c, durch zwei Schläge mit einer kleinen Pause zwischen dem ersten und zweiten Schlag u. s. w.

Aus den auf diese Weise markierten Buchstaben werden Worte und aus diesen wieder kürzere oder längere Mitteilungen. Hieraus folgert, daß gut aufgepaßt, genau gezählt werden sowie das Klopfalphabet fest im Kopfe sitzen muß. Wenn man aber bedenkt, daß schwere Verbrecher manchmal lange, lange Jahre interniert sind, so haben sie hinreichend Zeit zur Einstudierung der Klopfsprache. Es liegt hier ähnlich, wie bei der „Mnemotechnik" oder „Gedächtniskunst."

Ein Nachteil für die Verbrecher besteht darin, daß die Klopfsprache nicht geräuschlos ist, und wird sie sehr leicht von den Gefängnisbeamten auf ihren Rundgängen gehört; diese veranlassen dann natürlich, daß der „Telegraphendirektor" in eine andere Station und selbstverständlich sehr weit von seinem bisherigen Logis entfernt in einen andern Flügel der Anstalt verlegt wird.

*　　*　　*

Wie die Worte der Gaunersprache angewendet werden, mögen einige Proben der Poesie erläutern,

die ich den von mir gesammelten „Liedern aus dem
Rinnstein" entnehme und die, im Gegensatz zu Liedern
anderer Gauner-Lexika nicht aus ferner Zeit stammen,
sondern seit einigen Jahren erst bekannt sind. Überhaupt sind alle mir zugänglichen Wörterverzeichnisse
recht mangelhaft und zeigen viele Lücken. Ich hoffe,
daß dies Büchlein die mögliche Vollständigkeit bietet
und, wie die „Lieder aus dem Rinnstein", viele
Freunde findet.

September 1905.

Hans Ostwald.

Aus einem Kosackenlied.

Wenn wir im Tschecherl sitz'n
Tun ds Pülcher spitz'n.
Wie auf unserm Griffling
Tun ds Gettern blitz'n —
Und ds Klingasellen
Ds spieln harbe Tanz,
Ja, das san lauter so Kosackenpflanz.

Berliner Dirnenlied.

Eenes Abends nach dem Sturm
jing ick um den Juliusturm,
kam de stolze Sitte her:
Kleenet Mächen komm mal her!
    Berlin, o wie süß.
    is dein Paradies!
    Der de „Freunde" kennt,
    die man Sitte nennt.
    Eene Vaterstadt
    schneid'ge Huren hat.
    Schwamm darüber, tralala!

Hab'n se eene uffjefischt,
die so recht verkränkelt is,
kommt se nach de Fröbelstraß';
im Krankenhaus, da macht et Spaß!
    Berlin, o wie süß
    is dein Paradies!
    Der de „Freunde" kennt,
    die man Sitte nennt.
    Eene Vaterstadt
    schneid'ge Huren hat.
    Schwamm darüber, tralala!

Lob der Walze.

Ach, wie ist das Walzen schön!
    Schumpeidi, schumpeida.
Ei, man muß es nur verstehn'n!
    Schumpeidi, eida.
Hier gibt's Pickus, da gibt's Hanf,
Kunde schiebt niemals Kohldampf.
    Schumpeidi, schumpeida ist denn
        noch kein Seruff da?
Schumpeidi, schumpeida, schumpeidi, eida!

Kunden schaut das Kaff mal an
mit dem großen Kirchturmshahn.
    Schumpeidi, eida.
Mir soll'n alle Haare brechen,
wenn die Kaffern dort nicht stechen.
    Schumpeidi u. s. w.

Kommt man in das Kaff hinein,
hört man schon die Kaffern schrein:
    Schumpeidi, eida.
Kunde, du kannst weiter geh'n,
es waren heut schon hier a zehn!
    Schumpeidi u. s. w.

Ach, es hat uns nichts genutzt,
Daß wir Klinken dort geputzt.
     Schumpeidi, eida.
Aber dort kommt noch ein Nest,
in dem talfen wir wir recht fest.
     Schumpeidi u. s. w.

Kunde, bist du von der Sort':
Was getalft wird, wird verschmort?
     Schumpeidi, eida.
„Kenn, Mathilde, doch ich weiß,
in dem Nest ist's furchtbar heiß."
     Schumpeidi u. s. w.

Kommt man in die Penne rein,
hört man'n Penneboos schon schrei'n:
     Schumpeidi, eida.
„Kunde, willst du talfen geh'n,
laß dich nur vom Putz nicht seh'n."
     Schumpeidi u. s. w.

Kommt man in a Winde 'nein,
ist der Putz gleich hinterdrein:
     Schumpeidi, eida.
„Kunde bleib' mal stille steh'n,
laß mal deine Fleppen seh'n!"
     Schumpeidi u. s. w.

Ach, das Tippeln hat ein Ende.
Weh, es geht jetzt zur Pollenne,
     Schumpeidi, eida.
Und der Buschmann ruft geschwind:
„Sechs Wochen in die linke Wind'!"
     Schumpeidi u. s. w.

———————

Klage.

Morgenrot! Morgenrot!
Überall vom Putz bedroht.
Talfen wir so in den Gassen,
wird uns bald der Deckel fassen;
    mich und manchen Kamerad.

Ach wie bald, ach wie bald,
schwindet auf der Walz der Draht!
Gestern noch die Schicks am Arme,
heute schon mit dem Gendarme,
    morgen in den Käfig nein.

Darum still, darum still,
mag es kommen, wie es will!
Mit dem Stenze in der Rechten,
wollen wir noch weiter fechten:
    Ich und mancher Kamerad!

Im kleinen Oldenburger Land.

In dem kleinen Oldenburger Land.
Mit dem Naturstenz in der Hand,
Hat sich wieder eingefunden,
Eine Schar von lauter duften Kunden.
Sie talfen, sie zotteln und schmoren ganz charmant
In dem kleinen Oldenburger Land.

Wie jeder Kunde weiß,
Ist es im Oldenburg'schen heiß,
Denn die Herren vom Teckelgeschlechte
Sind fürwahr die reinen Henkersknechte.
Von oben bis unten wird man dort bespannt,
In dem kleinen Oldenburger Land.

Was ist ein dufter Kunde?

Ein dufter Kunde ist ein
Von Hause fortgehendes,
Vor fremden Türen stehendes,
In die Penne flüchtendes,
Bienen züchtendes,
Soroff schwächendes,
Mit Boschern blechendes,
Arbeit suchendes,
Keiloffe verfluchendes,
Tappen holendes,
Den Gallach verkohlendes,
Klinken putzendes,
Den Schinnagel nichts nutzendes,
Das Kaff abtanzendes,
Linke Zinken pflanzendes,
Den Schlummerkies verfuselndes,
In der platten Penne duselndes,
Mit Putzen raufendes,
Den Schuckern entlaufendes,
Die Schmiere hassendes,
Sich verpflegen lassendes,
Mit Hanf sich labendes,
Linke Tritte habendes,
Im Kittchen hockendes,
Hennen verlockendes,
Krauter anschmierendes,
Charakter verlierendes,
Nach Fusel stinkendes,
Im Elend versinkendes,
Oft nasenbläuliches,
Und arbeitsscheuliches,
Durch Kohldampf in Bewegung gesetztes
Individium.

———————

Nachtrag.

*Adelskalender, Steckbriefverzeichnis.

Mit'n Arm ins Naffe fetzen, anführen, betrügen, im Stich laffen.

*Akazie, Arbeitsscheue, Pennbrüder in Leipzig.

Balkonfreffe, vorstehender Unterkiefer.

† Balkenvater, Dirnenwirt.

Ballonfahrer, Erpresser (§ 175), männliche Prostituierte.

*Blindschleiche, Bettler mit schlechten oder kranken Augen.

*Fräter, Pennbrüder in Krefeld.

Gebumst, verhaftet.

*Gummibälle, Kartoffelklöße in Anstalten.

Guten Tag sagen, bei Abwesenheit der Bewohner mit Nachschlüssel in Wohnung eindringen und stehlen.

*Hackenschmettern, Zahnschmerzen.

Kälberzähne, Graupen.

*Kaltbäckerei, Brotbeutel stehlen.

*Kalte Füß haben, ohne Geld sein.

Kippe, das Ausleeren der gestohlenen Portemonnaies in der Tasche des Taschendiebs.

*Kolonievögel, Arbeitshäusler, Arbeiterkolonisten, die fast ihr ganzes Leben in Anstalten verbringen und die dadurch stumpfsinnig geworden.

*Leineziehn, ausrücken.

*Luftsuppe und Windbuletten essen, hungern,
      mittellos sein.

Der Masematten fällt, Diebstahl wird aus=
      geführt.

*Mehlsuppenklaps, Arbeitshäusler, Arbeiter=
      kolonisten, die schon stumpfsinnig ge=
      worden sind und stets wieder in die
      Anstalten einkehren, haben den Mehl=
      suppenklaps.

ᴰNährmutter, Prostituierte.

*Pinselquäler, Anstreicher.

*Rheinkadetten, Pennbrüder in Köln, Koblenz usw.

*Sargnägel, Mohrrüben.

*Schmierlapp, Anstreicher.

*Schock, alles was zum Schaubudenleben gehört.

*Schwimmen, im Gefängnis sitzen.

Sonntagsfahrer, siehe Guten Tag wünschen.

Stampe, kleine Kneipe.

*Ständeln, stellungslose Artisten produzieren sich
      in Wirtschaften und sammeln.

Stecher, feine Stichsäge.

Vorbeifassen, Unglück haben.

ᴰWackeln, auf den Strich gehn.

ᴰWonneknaben, männliche Prostituierte.

Wricker, linealähnliches Werkzeug aus härtestem
      Stahl, mit schmalen Einschnitten, mit
      dem die Panzerplatten der Geldschränke
      abgebröckelt werden.

Zaaf = Safe, Tresor, Geldschrank.

*zehren, betteln, erpressen.

Zenferei, Polizei.

Zänker, Verräter.

Benutzte Literatur:

Avé-Lallement, Friedrich, Christian, Benedikt; Das deutsche Gaunertum in seiner sozial-politischen, literarischen und linguistischen Ausbildung zu seinem heutigen Bestande. (4 Teile, Leipzig 1856—1862), Bd. IV.

Borchardt-Wustmann, Wilhelm: Die sprich-wörtlichen Redensarten im deutschen Volks-munde, nach Sinn und Ursprung erläutert. 5. Auflage. 1895.

Böckel, Otto, Dr.: Deutsche Volkslieder aus Ober-hessen. Marburg, 1885.

Erler, Josef: Gegen das Vagabundentum. Inns-bruck, 1887.

Genthe, Arnold: Deutsches Slang. Eine Samm-lung familiärer Ausdrücke und Redensarten. Straßburg, 1892.

Groß, Hans: Encyklopädie der Kriminalistik, Archiv für Kriminalanthropologie. Bd. III, VI, XII. Leipzig, 1900, 1903.

Groß, Hans: Handbuch für Untersuchungsrichter, als System der Kriminalistik. (1. Auflage, Graz 1893) 4. vermehrte Auflage (in 2 Bänden) München 1904.

Groß, Hans: Die Entstehung des Sachverhalts strafbarer Handlungen. Ein Leitfaden für Beamte des Polizei und Sicherheitsdienstes in Deutschland. München, 1902.

Günther, L.: Das Rotwelsch des deutschen Gauners, Leipzig, 1905.

Hampe, Th. Die fahrenden Leute in der Vergangenheit = Bd. X der Monographien zur deutschen Kulturgeschichte, Leipzig, 1902 (herausgegeben von G. Steinhausen.

Hartig, Robert: Berliner Volks und Straßendialekt, Leipzig.

Horn, Paul: Die deutsche Soldatensprache. Gießen, 1899.

Kahle, Carl: Die fahrenden Leute der Gegen wart und ihre Sprache. Ein Beitrag zur Geschichte des Vagabundentums und des Gaunerwesens. Gera 1839.

Karmayers, Cajetan: sog. „Gaunerglossar der Freistätter Handschrift" vom Jahre 1835, ab gedruckt von Hans Groß in seinem Archiv für Kriminalistik Bd. II, III, IV, V.

Klausmann und Weien, A, Oskar: Verbrechen und Verbrecher, Mitteilungen zum Schutze des Publikums. Aus der Praxis für die Praxis. Berlin, 1892.

Kleinpaul, Rudolf: Das Fremdwort im Deutschen (Sammlung Göschen'. Leipzig 1888.

Kluge, Friedrich: Rotwelsch, Quellen und Wort schatz der Gaunersprache und der verwandten Geheimsprachen. Straßburg, 1901.

Kluge, Friedrich: Deutsche Studentensprache. Straßburg 1895.

Lindenberg, Paul: Berliner Polizei und Verbrechertum. Leipzig, ohne Jahreszahl. (1891, Reclams Universalbibliothek, Nr. 2963/970.

Meyer, Hans: Der richtige Berliner in Wörtern und Redensarten. 6. Auflage. Berlin, 1904.

Pollak, Max: Wiener Gaunersprache. In Groß-Archiv, Bd. XV, Heft 2—3, (1904.)

Rabben: Die Gaunersprache, Hamm 1906.

Rocholl, D.: Dunkle Bilder aus dem Wanderleben, Bremen 1885.

Roscher: Moderne Gaunerwörter in Hamburg. In Groß-Archiv. Bd. III, Heft 4.

Schrank, Josef, Dr.: Die Prostitution in Wien. Wien, 1886. 2 Bände.

Schütze, W.: Was ist heute noch von der Gaunersprache im praktischen Gebrauch? In Groß-Archiv. Bd. XII, Heft 1.

Söhns, Franz: Die Parias unserer Sprache. Eine Sammlung von Volksausdrücken. Heilbronn, 1888.

Thiele, A. F.: Die jüdischen Gauner in Deutschland, ihre Taktik, ihre Eigentümlichkeiten und ihre Sprache. 1. Auflage, Berlin, 1840. 2. Auflage, Berlin, 1842.

Zilz, Fritz: Die Sprache der Tippelbrüder. Im Hannoverschen Courier, 2. Okt. 1904.

Von Hans Ostwald erschien bisher:

Vagabonden. Ein deutscher Landstreicher-roman. Berlin 1900.
Mk. 3.50.

Verworfene. Erzählungen und Skizzen. Berlin 1902. Mk. 2.00.

Die Bekämpfung der Landstreicherei. Kritische Darstellung des deutschen Vagabondentums und aller Fürsorge- und Abhilfsmittel. Stuttgart 1903. Mk. 5.00.

Berliner Nachtbilder. Skizzen. Berlin und Leipzig 1903. Mk. 1.00.

Lieder aus dem Rinnstein. Band I, II und III. Sammlung echter Dirnen-, Landstreicher- und Verbrecherlieder mit Zugaben von Margarete Beutler, Karl Henckell, J. H. Makay, Jakobus Schnellpfeffer, Frank Wedekind, Emil Nicolai u. a. Berlin 1903 1904 1905. Bd. je Mk. 1.00.

Maxim Gorki. Kritische Studie und Lebensdarstellung. Berlin 1903. Mk. 1.25.

Zwei Gesellen. Roman. Berlin 1904. Mk. 3.50.

Die Tippelschickse. Bühnenszene. Berlin 1901.

Ins Freie. Erzählungen. Berlin 1905. Mk. 2.00.

Frau Meyen. Erzählung. Berlin 1905. Mk. 1.00, geb. Mk. 2.00.

<u>**Landstreicher.**</u> Eine Monographie nach Selbst-
erlebnissen. Berlin 1905.
MK. 1.25.

In der von Hans Ostwald herausgegebenen
Sammlung

„Großstadtdokumente"

erschienen die von ihm selbst verfaßten Bände:

1. Dunkle Winkel in Berlin. MK. 1.00.
4. Berliner Tanzlokale.   MK. 1.00.
5. Zuhältertum in Berlin.   MK. 1.00.
7. Berliner Kaffeehäuser   MK. 1.00.

<u>Das Berliner Dirnentum.</u>

Eine Darstellung in 20 Bänden.
Bisher liegen vor:

1. Berliner Bordelle.
2. Vormärzliche Prostitution.
3. Maitressen in Berlin.
4. Tanz und Prostitution.
5. Männliche Prostitution.

Ferner erschien:

Hans Ostwald und Hans Brennert:

<u>Der Kaiserjäger.</u> Komödie. Berlin 1905,
MK. 2.00.

Aufgeführt an vielen ersten deutschen Bühnen.

„Rinnsteinlieder"   (Aus einer Kritik):

Auf der Landstraße.

Auf der Landstraße und in Herbergen hört man
Lieder von seltsamem Klang. Gewiß, alte Volks-
und Wanderlieder werden auch gesungen. Aber die
echten „duften Kunden", die gewohnheitsmäßigen
Landstreicher, singen andere Weisen. Wenn der ver-
zweifelte Galgenhumor sie überkommt, wenn ihr
Elend sie fast erstickt oder wenn es ihnen unerwartet
üppig, üppig in ihrer erbärmlichen, dürftigen Art
ergeht, dann bricht das heraus, was ihr Leben
erfüllt und darstellt.

Viele dieser Lieder sind trocken und hölzern,
aber andere sind mit so echter Empfindung gefüllt,
sprühen so voll ungefälschten Erlebnisses, daß ihre
Mängel weit von ihren Vorzügen übertroffen werden.

Diese Lieder sind eine treffliche Illustration
zum poetischen Schaffen des Volkes.

Sie zeigen, wie das Volk mit dem gegebenen
Text eines Gesanges sich nicht begnügt, wie es
so ein Lied erst durch die Einfügung seines
eigenen Lebensinhaltes für sich gewinnt und
für sich lebenskräftig macht. Das Volk benutzt
irgend eine singbare, weitverbreitete Melodie und
macht sich einen Text dazu. Und dabei ist es meist
ehrlich rücksichtslos gegen sich selbst. Seine Texte
gleichen häufig Spottliedern. Es sind Spottlieder
gegen übergroße Sentimentalität, Spottlieder gegen
die einem urwüchsigen Menschen widerwärtige
Weichheit des ersten Textes. Und so schreiben dann
jene, die die Verse weitergeben, unter die meisten
Lieder die Bezeichnung: Parodie.

Hierhin gehört das Berliner „Dirnenlied", hierhin gehören zahlreiche andere Lieder, die wegen all-
zugroßer Derbheit oder wegen mangelnder Poesie
von der Veröffentlichung ausgeschlossen sind.

Sie stellen aber immerhin eine wohltuende Be-
freiung von unerträglicher, schwächender Süßlichkeit
und falscher Sentimentalität dar. Und in diesem
Aufwallen der Gesundheit, der Kraft, liegen ihre —

allerdings oft versteckten — Reize und Naivitäten,
die sie mancher vollendeten Kunstpoesie gleichwertig
machen.

Und wie schön ist die Walze. Das elende Dasein: überall von Gesetzeswächtern beobachtet und
verfolgt, überall scheel angesehen, immer neben der
Lust das Leiden — und trotzdem die männliche Stärke,
die wohl die Gefahren sieht und erkennt, die aber
dennoch mit ganzer starker Leidenschaft an ihrem
Unternehmen, an der Wanderschaft hängt.

Hier offenbaren sich auch Taugenichtse, aber
Taugenichtse von ganz anderer Art, als der Eichendorff'sche. Nicht so voll ungestörten geförderten
Faulenzerdaseins. Aber dafür auch nicht so unwahrscheinlich, nicht so knabenhaft. Alles mit der
Fülle des wirklichen Lebens — robuste, ehrliche, subjektive Darstellung erlebter Vorgänge.

Das eine geht aus diesen Versen hervor: Das
Volk besingt sein Leben selbst. Allerdings nicht
immer in vollendeter Kunstform. Aber dieser Mangel
wird ersetzt durch Ursprünglichkeit, durch Gesundheit
und naive Kraft; seine Poesien duften nicht wie
Blumen aus dem Treibhaus, sondern man fühlt,
daß sie draußen, in den Armen des Windes, in den
Strahlen der Sonne und im Frühlingshagel aufgebrochen sind.

Um gegen die triefende Sentimentalität der
Wanderlieder mit ihren „Zigeunerbube im Norden",
dessen „Fern im Süd, das schöne Spanien, Spanien
ist mein Heimatland" noch in den achtziger Jahren
in allen deutschen Nähstuben von blassen Näherinnen
gesungen wurde - anzukämpfen, war es notwendig,
daß sich jemand fand, der die Lieder der Vagabunden
und Landstreicher sammelte und weiteren Kreisen
zugänglich machte. Wenige waren hierzu befähigt.
Mußte es doch jemand sein, der selbst alle Phasen
des Lebens auf der Walze durchgemacht hatte, der
aus eigener Anschauung alles Elend und alle Freuden
des Landstreichertums kennen gelernt hatte. In
Hans Ostwald fand sich der richtige Kenner all
dieser Verhältnisse. Vom Leben selbst bunt herum-

geworfen, selbst jahrelang auf der Landstraße gelegen, ist er heute der berufenste Kenner des Vagabundenlebens überhaupt.

Jahrelang sammelte und sichtete er, um dann den ersten Band der „Lieder aus dem Rinnstein" (brosch. M. 1.—, gebd. M. 1.50) herauszugeben. Es folgte bald ein zweiter Band und, da sich die erbetenen Einsendungen von Tag zu Tag mehrten, liegt heute der dritte Band dieser hochoriginellen Sammlung vor.

Lieder aus Kaschemmen und Herbergen, aus Dirnenmunde und von Zuhälterlippen. Oft an der Grenze des Erlaubten stehend.

Und der Liebe Göttin streift
Ab der Kleider Hülle,
Und ich schaute ihres Leib's
Schneeig zarte Fülle;
Auf dem Lager eng vereint
Ruht ich wohl zehn Stunden,
Da hab von des Fiebers Glut
Heilung ich gefunden.

Oder das weit verbreitete Dirnenlied:

Ein Mädchen für Geld.
Ja, in Hamburg, da bin ich gewesen,
In Sammet und in Seide gehüllt,
Meinen Namen, den durft ich nicht nennen,
Denn ich war ja ein Mädchen für Geld. etc.

Da sich durch die vielen unverständlichen Ausdrücke der Kunden- und Gaunersprache lange Erklärungen notwendig machten, erscheint als vierter Band ein „Lexikon der Rinnsteinsprache", das, was den Inhalt anbetrifft, wohl zu den originellsten und merkwürdigsten Schöpfungen überhaupt gehört.

Die Bände sind einzeln zum Preise von brosch. à Mk. 1.—, gebd. à Mk. 1.50 käuflich und im Verlag „Harmonie", Berlin W. 35ᵇ, erschienen.   W. B.